Le village

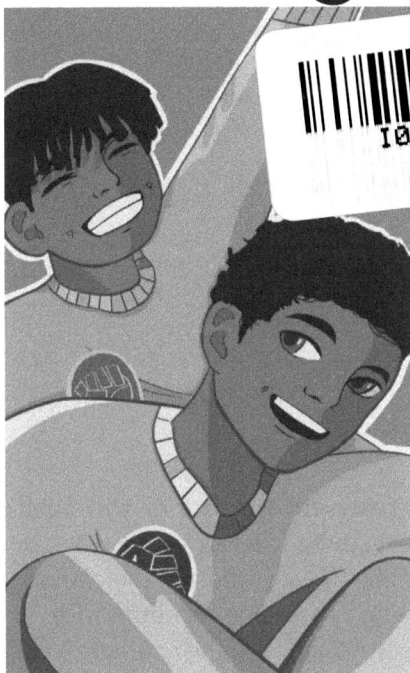

original story:
Jennifer Degenhardt

translator:
Françoise Piron

Cover artist:
L-Moment

All rights reserved. No part of this publication may be reproduced, stored in a retrieval system, or transmitted in any form or by any means - electronic, mechanical, photocopying, recording or otherwise – without prior written permission of the authors, except for brief passages quoted by a reviewer in a newspaper, magazine, or blog. To perform any of the above is an infringement of copyright law.

To obtain licensing permissions for public performance, please contact the playwright directly via her professional website, www.puenteslanguage.com.

Copyright © 2022 Jennifer Degenhardt (Puentes)
All rights reserved.
ISBN: 978-1-956594-41-6

For all students needing to find their own voices.

TABLE DES MATIÈRES

NOTE DE L'AUTEURE

As it is with all my books, the overarching idea is to promote discussion, as I believe deliberate and measured conversation is a powerful tool in human connection. This play is no different. True, it deals with identity and such characteristics of the main characters, but the undercurrent theme is racism.

Similar to other stories I have written, this one practically wrote itself following real events, in this case, the protests during the summer of 2020. The thread of the story is pulled from some real-life events that I gleaned from the news media, and from anecdotes from students and friends. It is a work of fiction, but one that I believe is relatable to by all readers. It is my hope to create awareness and encourage those discussions that we may be afraid to have.

Included in the lines of the play are microaggressions - words and sentences that are not used lightly, but rather are examples that certain groups of people encounter as part of their existence. By including these examples, perhaps readers can become more attentive to the language they use and its effects.

Supplemental materials for this play are available as a download for free on my website, www.puenteslanguage.com.

A portion of the proceeds from the sale of this play will be donated to Learning for Justice (www.learningforjustice.org), which seeks to uphold the mission of the Southern Poverty Law Center: to be a catalyst for racial justice in the South and beyond, working in partnership with communities to dismantle White supremacy, strengthen intersectional movements and advance the human rights of all people.

(Wording taken from the Learning for Justice website; used with permission.)

microaggressions:

/ˌmīkrōəˈgreSHən/

Statements or actions, either direct or indirect, overt or subtle, intentional or not, that discriminate against people of a marginalized group, be that of race, ethnicity, religion, socioeconomic status, etc.

REMERCIEMENTS

You are reading the French version of this play thanks to the language and language teaching skills of Françoise "Swaz" Piron. I am grateful, of course, for her language skills and ability to translate and adapt, adding in those native-speaker phrases that are *au courant*. I am also so very grateful for her expertise in language teaching, as it helps to keep the language comprehensible, which is the primary goal in writing these kinds of stories.

I had the opportunity to beta-read and teach this play (in Spanish) to my diverse, intermediate Spanish students in the fall of 2021. I am grateful to the entire class for not only indulging me in my wish to test out the play's content (even when the vocabulary was challenging for them), but also for providing me feedback that caused some changes to the text that I believe enrich the story that much more. Specifically, I would like to give a shout out to Gloria Dickson, Maia Conlan, John Alston and José Bordon-Orsini who made actionable suggestions or otherwise spent extra time with me to discuss the play, its themes and composition. *Thank you!*

Special thanks to my students, Jovaughn Hines and Johnson Celestin, both young Black men, who also read the play in English and provided comments and praise. I especially thank Jovaughn for allowing me to model a character after him. (The character of Johnson was conceived before I met Johnson Celestin 😊).

Thank you to L-Moment, a recent high school graduate (and future college art student!) for the beautiful cover art. L-Moment and I have worked on several projects together, and it has been so much fun getting to know her and watching her evolve as an artist. Thank you, L-Moment for all the collaborations and the wonderful art.

Personnages

EDDIE MEYER : adolescent métis[1]; enfant d'une mère noire et d'un père blanc

MAMAN : mère d'EDDIE et JAMES

JAMES MEYER : jeune frère d'EDDIE

JOVAUGHN WILLIS : adolescent noir ; a le même âge que son ami EDDIE

RICKY : co-capitaine de l'équipe de football ; en terminale[2] au lycée, a 3 ans de plus qu'EDDIE ; blanc

JOHNSON : co-capitaine de l'équipe de football ; en terminale au lycée, a 3 ans de plus qu'EDDIE ; blanc

PETER : camarade de classe d'EDDIE et JOVAUGHN ; blanc

WILL : ami de PETER, a le même âge que lui ; blanc

PAPA : le père d'EDDIE et JAMES

M. LeBLANC : prof d'anglais et coach de l'équipe de football. Habitant du village ; blanc

---

[1] métis : biracial
[2] terminale : senior in high school.

JULIANNA : camarade de classe d'EDDIE et JOVAUGHN ; blanche

LE POLICIER WHITE : officier de police du village ; blanc

LE DIRECTEUR : directeur du lycée. Habitant du village ; blanc

ABUBAKAR : adolescent d'origine iranienne ; camarade de classe de JAMES.

ACTE I

Scène 1

La cuisine d'une maison de taille moyenne, dans un état du nord-est des États-Unis. Le matin, avant l'école.

Un adolescent est seul dans la cuisine ; il prend son petit déjeuner et lit les nouvelles sportives sur l'appli d'ESPN sur son téléphone. Il pense à la journée qui l'attend.

EDDIE

(se parlant à lui-même) Zut ! Il peut pas aller dans une autre équipe ! Qu'est-ce qui va arriver à ma fantasy team ? Je vais devoir en parler à Jovaughn à l'école...

(au public) Enfin... Enfin, je vais être au lycée. Le collège était un pur désastre. On me dit que typiquement, c'est un désastre pour tout le monde, mais pour moi, c'était un désastre absolu. Le lycée va être bien mieux pour moi. Je vais ...

Une femme, MAMAN, crie depuis une autre partie de la maison.

MAMAN

Eddie ! Tu es prêt à aller à l'école ?

EDDIE

(*répond en criant*) Ouais maman. Bien sûr. (*au public*) Elle sait que je suis bien organisé. Elle doit être plus inquiète que moi pour cette rentrée des classes.

Ouais, la rentrée des classes... Je suis prêt. J'ai beaucoup de projets : je vais jouer au foot - mon sport préféré, et je vais aussi participer à des clubs. Peut-être un club d'éducation civique. J'aime la politique.

MAMAN

(*entrant dans la cuisine*) Eddie, je pars ; j'emmène ton frère à l'école.

Un jeune garçon, encore à moitié endormi, entre dans la cuisine.

EDDIE

Salut, James. Tu es prêt pour l'école ?

JAMES

Oh, non, Eddie. J'aime pas l'école.

MAMAN

James, prends une banane et un yaourt pour le petit déjeuner. Il est tard. Mais d'abord, une photo. C'est le premier jour d'école.

Les enfants se plaignent, mais après une minute, MAMAN prend une photo.

MAMAN

Merci. Je t'aime. Bonne chance pour ton premier jour, Eddie. (*Elle l'embrasse sur la tête*).

EDDIE

Merci maman. Je te téléphone après l'entraînement de foot. Bonne journée au travail.

MAMAN

Merci, Eddie. Viens, James.

MAMAN et JAMES quittent la scène. EDDIE est de nouveau seul.

EDDIE

(au public) Avant qu'on continue, je vais vous donner des informations importantes.

D'abord, là où on habite. Comme vous voyez, on a une belle maison. Et on habite dans un état du nord-est des États-Unis. La vie est ... ben, la vie est belle, mais il y a aussi des problèmes.

On habite dans un gros village. Il y a moins de 10.000 habitants, donc les écoles sont assez petites.

Les petites écoles ne sont pas un problème. Normalement, les petites villes et les petites écoles sont bonnes, mais dans ce cas... je ne suis pas sûr.

Clairement, ma famille est afro-américaine. En d'autres termes, on est noirs. Mon père n'est pas noir, mais évidemment, ma mère, mon frère et moi sommes noirs.

Et être noir n'est PAS le problème. Non. En fait, je suis très fier de mon héritage afro-américain.

Le problème c'est que notre village manque de diversité. Il n'y a pas beaucoup de personnes de couleur ici. La vie est belle...mais c'est aussi difficile quelquefois.

EDDIE regarde son téléphone pour voir l'heure, prend son sac à dos et quitte la scène.

Scène 2

Le vestiaire des garçons au lycée ; première semaine d'école.

Le vestiaire est plein de membres de l'équipe de football qui se préparent à l'entraînement. Les gars parlent beaucoup, mais ils ne parlent pas de choses importantes. Il y a des gars plus âgés (de première et de terminale) avec un groupe de plus jeunes (de seconde), y compris EDDIE et JOVAUGHN. EDDIE et JOVAUGHN sont les seules personnes de couleur.

EDDIE

(à Jovaughn) Mec, comment ça va ?

JOVAUGHN

Eddie, hé. OK. Je suis super fatigué. L'école commence à une heure stupide.

EDDIE

(regardant les autres jeunes autour de lui) Ha ! T'aimes pas te lever tôt, hein ? Moi si. L'heure de la première cloche me dérange pas. Ce qui me dérange, *(il dit en murmurant)* c'est ça... *(montrant son corps)*

JOVAUGHN

(à voix basse) Sérieusement. Je te comprends tout à fait. T'as vu la taille de ... ?

RICKY (capitaine)

(parlant à EDDIE et JOVAUGHN.) Écoutez les secondes. Oubliez pas d'apporter l'eau sur le terrain.

EDDIE

C'est pas notre tour aujourd'hui. On l'a fait hier. C'est le tour de Peter et Will.

JOHNSON (capitaine)

Euh, on est les capitaines et on dit que c'est votre tour. À toute !

RICKY

Et il faut que l'eau soit propre. Et froide. Il fait chaud aujourd'hui.

Tous les autres gars quittent le vestiaire, y compris PETER et WILL, les autres secondes de l'équipe.

JOVAUGHN

Ces gars sont des vrais trous du...

EDDIE

Pour sûr. Et comment est-ce qu'on est censé changer la qualité et la température de l'eau qui sort d'un tuyau ?

JOVAUGHN

Tu penses que c'est une coïncidence que c'est toujours notre tour d'aller chercher l'eau, tu sais, parce qu'on est noirs ? Les gens de ce village sont…

EDDIE

Probablement, Jo. Mais qu'est-ce qu'on peut faire ? Ils sont capitaines de l'équipe. Ouais, ce sont des imbéciles mais…

JOVAUGHN

Ils sont racistes, voilà ce qu'ils sont.

EDDIE

Allons-y, Jovaughn. Allons chercher l'eau la plus pure et la plus fraîche pour ces idiots.

JOVAUGHN

Et peut-être un peu de salive.

EDDIE

C'est une bonne idée…en théorie. S'il y a des problèmes ici, on devrait pas les causer, OK ? Ne fais rien de stupide. Tu es mon seul bon copain ici. *(lui tapant le bras)* Allons-y !

Les deux gars quittent la scène avec des récipients qui disent GATORADE.

Scène 3

Dans la cuisine d'une maison de taille moyenne dans un état du nord-est des États-Unis. Deuxième semaine d'école ; heure du dîner.

MAMAN et JAMES sont à table. PAPA finit de préparer le dîner.

MAMAN

Chéri, tu as besoin d'aide ?

PAPA

Non merci. Tout est prêt. C'est une nouvelle recette : steak...steak...steak quelque chose. Je me souviens pas du nom du plat.

JAMES

Mais enfin, papa, le nom du plat est sur la recette.

PAPA

Tu as raison, James, mais je n'ai pas la recette en ce moment.

JAMES

(Regardant la cuisine, qui est un désastre) Évidemment, papa. La cuisine est de nouveau un

désastre. Et toujours quand c'est mon tour de faire la vaisselle !

On entend un bruit de voiture.

EDDIE
(des coulisses) Merci M. Willis. À plus, Jovaughn !

EDDIE arrive sur scène, de retour de l'entraînement de foot.

PAPA
Salut Eddie. Comment était ta journée ? Comment était l'entraînement ?

EDDIE
Salut papa. Salut maman. Quoi de neuf, James ? Tout va bien ? Qu'est-ce qu'on mange ? J'ai super faim.

PAPA
T'as pas l'air d'avoir super faim.

EDDIE
Papa, tu sais ce que je veux dire. Cette plaisanterie est...

MAMAN

Eddie, tu veux prendre une douche avant le dîner ? On peut t'attendre.

EDDIE

(s'assied à sa place à côté de JAMES.) Non. Non, merci. J'ai tellement faim. Le coach nous fait beaucoup courir. Il dit qu'on a besoin de plus d'endurance.

JAMES

(Se pinçant le nez.) Beurk, Eddie, t'as besoin d'une douche. Tu pues !

EDDIE

Désolé, mec. Après le dîner.

PAPA entre dans la pièce avec un plat. Tout le monde commence à se servir.

MAMAN

Comment va l'école, Eddie ? Et tes examens ?

JAMES

Maman, tu m'as demandé la même chose hier. Rien n'a changé.

MAMAN

Des tas de choses peuvent changer en une journée, James. Et je veux juste savoir comment les choses vont à l'école pour Eddie.

EDDIE et JAMES se regardent en levant les yeux au ciel et en souriant.

EDDIE

T'inquiète, maman. Tout va bien.

PAPA

Eddie, passe-moi les pommes de terre. Et quand est ton prochain match ? Je veux le mettre sur mon calendrier *(sortant son téléphone de sa poche)*.

JAMES

Papa, les téléphones à table ? Oh non. Tu connais la règle. Et en plus, tu sais que toutes les activités familiales sont sur le calendrier de la maison *(indiquant le calendrier sur le mur)*.

MAMAN

(riant) James a raison mon amour. Au sujet du téléphone et du calendrier.

PAPA

Il y a tellement de règles dans cette maison. *(riant)* Désolé, James, pour avoir mon téléphone à table. Je ne referai pas cette erreur.

JAMES

C'est ce que tu dis tous les deux jours !

EDDIE

OK, j'ai des nouvelles. Le coach LeBlanc dit que je peux commencer à m'entraîner avec l'équipe avancée la semaine prochaine.

PAPA

Vraiment ? Quelle excellente nouvelle !

EDDIE

Ouais, c'est génial, mais je sais pas…

JAMES

T'es nerveux ? Me dis pas… Tu as la chance de jouer avec l'équipe avancée et tu veux pas ? Eddie, mon frère…

EDDIE

C'est pas ça. C'est que… Ben, dans le vestiaire…

JAMES

Qu'est-ce qui se passe dans le vestiaire ? Tous les joueurs se préparent pour l'entraînement et après alors ?

EDDIE

Ouais, James, c'est vrai. Mais ces gars de l'équipe avancée... c'est presque des hommes. Ils sont massifs. T'as pas vu la taille de leurs ...

PAPA

Eddie, c'est pas nécessaire de parler de ça, et certainement pas à table.

EDDIE

Quoi ? Oh, non papa. Je parle pas de ÇA. T'as pas vu leurs jambes. Elles sont comme des troncs d'arbre. Je sais pas si je peux suivre.

MAMAN

Eddie, t'inquiète pas. Tu es assez doué pour jouer avec eux.

PAPA

Bien que ta mère s'y connaisse pas trop en football, *(regardant sa femme et souriant)*, elle a raison. Tu es très doué.

JAMES

Même si tu es « inquiet » de ne pas être à la hauteur des troncs d'arbre, ha, ha !

EDDIE

Oh, JAMES *(le tapant sur le bras.)* Tais-toi, OK ? Attends d'être au lycée.

JAMES

Pour moi, ça va être facile parce que je suis le meilleur : le plus sportif, le plus beau...

EDDIE

Mais le plus intelligent ? Je pense que non...

MAMAN

Au sujet des cours, James...

JAMES

C'est pas moi le centre de cette conversation, s'il vous plaît. Parlons encore d'Eddie. Eddie sera excellent dans l'équipe avancée...

Les lumières s'éteignent et le rideau se ferme alors que la famille continue à discuter et à manger.

Scène 4

Dans le corridor du lycée, un jour d'école. Matin d'octobre.

EDDIE et JOVAUGHN sont près de leur casier ; ils parlent de sports. Il y a beaucoup d'autres élèves dans le corridor, à leur casier ou en route pour leur classe.

JOVAUGHN
C'est incroyable, Cleveland a gagné hier soir.

EDDIE
Ouais, je sais. Et avec cette victoire, j'ai perdu beaucoup de points pour mon équipe de fantasy (*sortant ses livres de son casier*). Cette saison est déjà un désastre et il reste encore trois mois.

JOVAUGHN
C'est un problème pour toi... (*regardant des filles blanches qui passent devant eux et leur souriant*). Salut Krissie. Salut Julianna. Tout va bien ?

À ce moment-là, RICKY et JOHNSON marchent jusqu'à eux.

RICKY

Hé, qu'est-ce que vous faites ?

JOHNSON s'approche d'EDDIE et lui tape sur l'épaule.

EDDIE

Eh là ! Qu'est-ce qui se passe ? (*se retournant pour voir qui c'est*) Oh, Johnson, désolé. Ça va ?

RICKY

Tu m'as pas entendu ? Qu'est-ce que vous faites ?

JOVAUGHN

Tu parles de quoi ? On discute et on sort nos livres pour notre prochain cours. Qu'est-ce que tu crois ?

JOHNSON

Ce qu'il veut dire, c'est pourquoi est-ce que vous parlez à ces filles ?

JOVAUGHN

Elles sont dans ma classe de sciences. Je disais juste « bonjour ».

RICKY

Laisse-les tranquilles.

JOVAUGHN

Je les ai pas embêtées, je disais juste « bonjour ». Tu sais, je disais « salut » ou « quoi de neuf ? ». C'est sympa. Tu vois ?

EDDIE, comprenant la situation, parle à son ami.

EDDIE

Jo, oublie. Pas de problème, les gars. Jo, allons au cours.

RICKY

C'est ça, Jo. *(parlant sur un ton très désagréable)* Écoute ton ami. Laisse les filles tranquilles dorénavant[3].

JOHNSON

Faites attention. On vous surveille. *(pointant du doigt ses yeux et les garçons)*. Ha !

RICKY et JOHNSON continuent à marcher dans le corridor en riant.

JOVAUGHN

Ces deux gars sont des trous du —...

---

[3] dorénavant : from now on.

EDDIE

Je suis d'accord. Mais on a cours. Oublions-les.

EDDIE et JOVAUGHN vont à leur cours. JOVAUGHN semble fâché, EDDIE, inquiet.

Scène 5

Un autre jour d'école. Cours d'anglais.

Tous les élèves de la classe et le prof, M. LeBLANC, sont blancs. EDDIE est la seule personne de couleur dans la classe. Quand M. LeBLANC entre dans la salle, tout le monde parle.

M. LeBLANC
(Rangeant ses affaires sur son bureau) Bonjour classe.

Personne ne répond. Les élèves continuent de parler.

M. LeBLANC
J'ai dit « Bonjour classe ! »

Les élèves continuent de parler.

M. LeBLANC
(en colère[4]) ÉCOUTEZ ! Je voudrais commencer le cours.

---

[4] en colère : mad, angry.

Tout le monde arrête de parler et se concentre enfin sur M. LeBLANC.

M. LeBLANC

OK. Bonjour tout le monde. Comment ça va ? Aujourd'hui, on va parler de l'expérience de Nat Turner dans les premiers chapitres du livre. Est-ce que vous avez tous lu vos chapitres hier soir ?

Personne ne bouge. Personne ne répond. EDDIE et deux filles sont les seuls qui soient prêts pour la discussion.

M. LeBLANC

Je répète. Est-ce que vous avez lu les trois premiers chapitres du livre ?

EDDIE

Oui, monsieur. Je les ai lus.

PETER

(murmurant à son ami WILL, mais assez fort pour qu'EDDIE entende) Évidemment qu'il l'a lu. C'est une histoire qui parle de sa fami...

EDDIE

(se tournant vers PETER) Qu'est-ce que tu as dit ?

M. LeBLANC

Qu'est-ce qui se passe ? Peter, tu as dit quelque chose ? Tu veux faire un commentaire sur le livre ?

PETER

Bien sûr que non. J'ai rien à dire au sujet d'un esclave *(regardant directement EDDIE)*.

M. LeBLANC

Et bien, tu vas devoir dire quelque chose dans quelques minutes parce qu'on va travailler en groupes et discuter de questions universelles. *(allumant le projecteur pour montrer ces questions)*

Questions
★ Comment les croyances[5] et valeurs des personnages sont présentées ?   ★ Quelles sont les motivations du personnage principal ?   ★ Quels sont les conflits que le personnage principal doit affronter ?

---

[5] croyances : beliefs.

- ★ Quelles sont les relations les plus importantes entre les personnages jusqu'ici ?
- ★ Qui sont les « gagnants » et les « perdants » dans le livre jusqu'ici ?
- ★ Qu'est-ce que l'auteur veut montrer dans le chapitre no. 3 ?
- ★ Quelles sont les 4 questions que tu voudrais poser à l'auteur ?
- ★ Quelles techniques est-ce que l'auteur utilise pour développer les personnages, l'intrigue et les thèmes ?
- ★ Que crois-tu que l'auteur veut que tu saches[6] et que tu apprennes ?
- ★ Qu'est-ce que tu as lu qui est similaire à cette histoire ?
- ★ Quels sont les thèmes du livre jusqu'ici ?
- ★ Est-ce que ce livre est facile à lire ? Pourquoi ou pourquoi pas ?
- ★ Quel impact cette histoire a sur ta vie ?

M. LeBLANC

Bon. Voilà la liste des groupes. Aujourd'hui, on va travailler en groupes de quatre. *(Change l'image sur l'écran pour montrer les groupes)*

---

[6] saches : know.

Groupes	
• Isabel	• Kevin
• Blake	• Abby
• Stephen	• Clara
• David D.	• Olivia
• Julianna	• Mitchell
• Will	• Grace
• Peter	• Jack
• Eddie	• Scott
• Maggie	• Jeff
• Ava	• Liam
• Joey	• Brandy
• Chris	

EDDIE remarque qu'il est dans un groupe avec PETER, WILL et JULIANNA. Il n'est pas content.

JULIANNA

Allons-y, Eddie. Peter, Will... Vous avez lu les chapitres ? On doit répondre aux questions...

WILL

Ça doit être la responsabilité d'Eddie. Qu'est-ce que je vais dire sur le fait d'être noir. Je suis pas noir...

PETER

Moi non plus. Blanc comme neige. Ha, ha !

EDDIE

Hé, les gars. Désolé de vous contredire, mais il y a très peu de gens dans le monde qui sont « blancs pur ».

PETER

Moi, j'en suis un. J'ai pas une goutte de sang africain dans les veines.

JULIANNA

OK, vous êtes prêts à commencer ? On doit choisir quatre questions et y répondre.

EDDIE

Peut-être que tu n'as pas de sang africain, mais c'est possible que tu aies du sang indigène. Des Premières Nations.

PETER

Impossible. Je suis blanc et c'est tout.

EDDIE

(sachant que ça embête PETER) La vérité, c'est qu'il y avait beaucoup d'Indigènes et d'Européens qui ont procréé. C'est improbable

qu'il y ait beaucoup de Blancs aux États-Unis qui aient 100% de sang européen et même si ...

PETER

(criant) J'AI PAS DE SANG NÈ—

M. LeBLANC

Hé les garçons, quel est le problème ?

EDDIE

(se tournant vers PETER.) Qu'est-ce que tu as dit ?

PETER

Tu m'as entendu. J'ai pas besoin de me répéter.

M. LeBLANC

(n'ayant pas entendu l'insulte) Allez, au travail, OK ? Dans 20 minutes, on va discuter des thèmes du roman[7].

Tout le monde retourne au travail. EDDIE est fâché et ne participe pas à la discussion. Les lumières s'éteignent sur la scène.

---

[7] roman : novel.

Scène 6

Dans la cuisine d'une maison de taille moyenne dans un état du nord-est des États-Unis ; après-midi; fin septembre.

MAMAN

James, aide-moi à mettre la table, s'il te plait.

JAMES

Oh, maman ! Je PEUX PAS. Je suis fatigué. *(prétend l'épuisement[8])*

MAMAN

(frappant son fils avec le torchon[9]) James, tu sais quoi ? T'es un clown. Maintenant, aide-moi à mettre la table.

À ce moment-là, EDDIE entre dans la maison en claquant[10] la porte. Il entre dans la cuisine sans saluer sa famille et traverse la scène pour aller dans sa chambre.

---

[8] l'épuisement : exhaustion.
[9] torchon : dish towel.
[10] claquant : slamming.

EDDIE

Je vais prendre une douche. Ne m'attendez pas pour manger.

JAMES

(en riant) Salut mon frère. Comment ça va ? T'as eu une bonne journée ?

EDDIE lance un regard noir à son frère. JAMES continue à marcher.

JAMES

(imitant son frère) Oh, tu veux savoir comment ça va? Ça va super. Sérieusement. J'ai passé une excellente journée. Merci de me le demander.

EDDIE

Fais pas le trou du—

MAMAN

Eddie, on n'utilise pas ces mots dans cette maison, s'il te plait. Clairement, tu es de mauvaise humeur. Mais ton père m'a envoyé un texto. Il sera là dans 10 minutes et c'est à ce moment qu'on va manger. On mange toujours ensemble et ce soir ne sera pas différent. Va prendre ta douche et à dans dix minutes.

EDDIE quitte la scène. MAMAN et JAMES continuent leur conversation.

MAMAN

James, tu veux m'expliquer pourquoi ton prof de maths m'a envoyé un mail aujourd'hui ?

JAMES

Oh, elle t'a envoyé un mail ? Qu'est-ce qu'elle a dit ?

MAMAN

Je sais pas encore. J'ai pas eu le temps de le lire. Et je voulais te poser la question d'abord.

JAMES

Elle veut probablement te dire que je suis l'élève le plus intelligent de la classe. Que j'étudie beaucoup. Que je fais toujours tous mes devoirs et que je suis beau. Qu'est-ce qu'elle pourrait dire d'autre ?

MAMAN

James, tu me fais rire. C'est vrai que tu es très beau, mais normalement, les profs n'écrivent pas de mails pour dire ça. Qu'est-ce qui se passe en classe ?

JAMES

J'ai aucune idée, maman.

À ce moment-là, PAPA entre dans la maison. JAMES réalise qu'il a l'occasion de ne plus parler de l'école et il commence à discuter avec son père.

JAMES

(en exagérant et en essayant d'aider son père avec son manteau, son sac, etc.) Papa ! Je suis si content de te voir. Comment ça va ? Tu as passé une bonne journée ?

PAPA

Salut, James. Bonjour chérie. *(donnant un baiser[11] à sa femme).* James, arrête de faire le malin. J'ai lu le mail de ta prof de maths.

MAMAN et JAMES le regardent avec curiosité.

MAMAN

Oh, vraiment ? J'ai pas eu le temps de le faire. Qu'est-ce qu'elle a dit ? Que James est le plus beau de la classe ?

---

[11] baiser : to kiss.

PAPA

(perplexe) Non. Pourquoi est-ce qu'elle dirait ça ?

JAMES

Parce que je SUIS beau, PAPA.

EDDIE entre dans la cuisine et JAMES saisit l'occasion pour diriger la conversation vers quelqu'un d'autre.

JAMES

Eddie, tu te sens mieux[12] ? T'es beau. J'aime ta chemise. Et tu sens[13] bon. Super. Les filles vont aimer...

EDDIE

C'est quoi ton problème ? Tais-toi. Pour l'amour de Dieu. Tais-toi. Tu parles trop.

JAMES s'assied à table. PAPA aussi. EDDIE aide sa mère à servir le repas. JAMES essaye encore une fois de changer de sujet.

---

[12] tu te sens mieux? : you're feeling better?
[13] sens : smell.

JAMES

Sérieusement... quand est-ce que tu vas commencer à jouer avec l'équipe avancée ?

EDDIE

Demain.

MAMAN

Pourquoi est-ce que ce premier match est à l'extérieur[14]? Et si loin ? Je voudrais y aller.

PAPA

Vous jouez où ?

JAMES

PAPA, toute l'information est sur le calendrier. Il faut que tu le regardes.

PAPA

J'ai l'intention de le regarder tous les matins, mais je suis toujours en retard...

EDDIE

Ça fait rien. Je veux vraiment pas jouer avec cette équipe.

---

[14] à l'extérieur : away (game).

PAPA

Pourquoi tu dis ça ? N'est-ce pas un immense honneur d'être sélectionné avec l'équipe avancée à ton âge ? Ça veut dire que tu es un grand athlète, non ? N'est-ce pas ? (*en se tournant vers sa femme et son plus jeune fils*)

EDDIE

Peut-être. Mais tous les joueurs de l'équipe sont blancs. Et ils sont pas sympas. Pas sympas du tout.

PAPA

Qu'est-ce que la couleur de leur peau[15] a à voir avec leurs aptitudes sportives ?

EDDIE

Non, papa. Ce que je veux dire c'est que ce sont des connards.

MAMAN

Vocabulaire, Eddie.

EDDIE

Désolé, maman. Mais c'est vrai. Les capitaines de l'équipe nous embêtent toujours dans le corridor, Jovaughn et moi.

---

[15] peau : skin.

PAPA

Qu'est-ce qu'ils font ?

EDDIE

Ben, une fois, on était dans le corridor et Jovaughn a dit bonjour à des filles de sa classe. Ces idiots se sont arrêtés - après m'être « rentrés » dedans[16] - et ils nous ont demandé ce qu'on faisait. Jo a pas compris et a essayé de leur expliquer qu'il disait juste bonjour à deux filles de sa classe.

PAPA

Ce sont des terminales et ils voulaient montrer qui est le plus fort. C'est ça ?

MAMAN

Non, Barry. C'est pas ça.

EDDIE

Et ils nous ont dit qu'ils allaient nous surveiller. *(faisant le même geste que les garçons ce jour-là)*

MAMAN

Tu veux que j'appelle l'école ? Tu penses que ce problème est dû à la couleur de ta peau ?

---

[16] m'être « rentrés » dedans : having "bumped" into me.

EDDIE

Non. S'il te plait, non. Je veux pas être « ce gars-là ». J'ai déjà assez de problèmes à l'école, étant un des rares Noirs. Je veux pas être le gars qui a besoin que ses parents appellent l'école.

MAMAN

Comme tu veux, Eddie. Mais tu dois m'en parler si ça continue...

PAPA

C'est vrai, mon fils. On peut t'aider *(touchant le bras d'EDDIE)*.

EDDIE

Merci papa, je sais. Mais je veux gérer[17] tout ça par moi-même[18].

JAMES

C'est ça, mon frère. Tu peux le faire. Et tu vas être fabuleux dans le match demain. T'es pas le plus beau, mais ...

PAPA

Et toi, jeune homme *(regardant JAMES)*, tu vas devoir parler avec ton prof de maths. Tu as

---

[17] gérer : manage.
[18] par moi-même : on my own.

besoin d'aide parce que tes notes sont horribles. Tu as eu 54% à l'examen. T'es peut-être un génie sur YouTube et tout ça, mais il est clair que tu fais pas tes devoirs.

JAMES a l'air un peu choqué. Et honteux[19].

PAPA
Tu m'entends ? Tu vas lui parler demain. Et tu vas faire remonter ta moyenne[20]. OK ?

JAMES
Le mail n'a rien mentionné sur le fait que je suis si beau ?

Tout le monde rit et MAMAN frappe JAMES avec sa serviette. Les lumières s'éteignent.

---

[19] honteux : ashamed.
[20] faire remonter ta moyenne : bring your average up.

Scène 7

Dans le vestiaire l'après-midi. C'est le jour du premier match qu'Eddie va jouer avec l'équipe avancée. Tous les garçons (l'équipe avancée et les Juniors) sont dans le vestiaire. Les joueurs de l'équipe avancée se préparent pour le match et les Juniors se préparent pour l'entraînement.

JOVAUGHN

(parlant à EDDIE) Julianna… la fille qui est dans mon cours de sciences ? Elle est mignonne, hein ? Je voudrais bien lui demander de sortir avec moi… On parle souvent ensemble en classe… *(d'un ton rêveur[21])*

EDDIE

Tu m'as dit qu'elle te parle seulement quand vous travaillez dans le même groupe. Si c'est vrai que vous « parlez souvent ensemble », de quoi est-ce que vous parlez ?

JOVAUGHN

On parle de football américain… de foot… de basket et …

---

[21] d'un ton rêveur : dreamily.

EDDIE

Oh, vraiment ? C'est difficile à croire - presque impossible - qu'elle aime parler de ces choses-là ? Comment est-ce qu'elle participe à la conversation ?

JOVAUGHN

(réalisant) Maintenant que tu le dis, elle dit pas grand-chose.

EDDIE

Elle dit rien. Je suis sûr que tu la laisses pas parler.

JOVAUGHN

Peut-être...mais on parle ! Écoute, t'es prêt à jouer aujourd'hui ? Bonne chance.

EDDIE

Ouais, je vais rejoindre l'équipe avancée aujourd'hui, mais je sais pas si je vais jouer ou pas.

RICKY

Écoute, Eddie. T'as assez bavardé avec ton petit ami. Prépare-toi. Il faut que tu prennes les pichets d'eau et le sac avec les ballons.

EDDIE
(se tournant vers RICKY.) Qui va m'aider ?

RICKY
Personne, idiot. C'est ton job. Et toi, imbécile…
(à JOVAUGHN) Sors et apporte l'eau aux joueurs.
Ils l'attendent.

RICKY sort de scène avec son sac de sport,
l'air arrogant. JOHNSON et les autres le suivent
avec la même attitude, laissant les deux garçons
seuls sur scène.

JOVAUGHN
(Imitant RICKY) Ils attendent qu'on leur apporte
l'eau. Ils peuvent attendre que je leur apporte
mon…

EDDIE
Tu sais quoi, Jo ? (prenant les affaires
nécessaires pour le bus) Je veux vraiment pas
aller avec eux, équipe avancée ou non.

JOVAUGHN
Bonne chance, mec. Sérieusement, bon match.

EDDIE
(serrant la main de Jo) Merci, à plus.

JOVAUGHN sort de scène avec les pichets d'eau. EDDIE a de la peine à porter tout l'équipement jusqu'au bus. Il est seul sur scène, puis RICKY et JOHNSON arrivent.

EDDIE

Oh, juste à temps. Vous m'aidez avec l'équipement ? *(essayant de leur donner des choses à porter)*

JOHNSON

T'aider ? Euh non, on est pas là pour ça.

RICKY

On est pas là pour aider un n—

RICKY ne finit pas sa phrase parce que Coach LeBLANC entre dans le vestiaire.

M. LeBLANC

Hé les gars. On vous attend. Allons-y !

JOHNSON

Ouais, allons-y ! On est là pour aider à porter l'équipement.

M. LeBLANC

D'accord, mais vite. Faut qu'on parte. (*Coach LeBLANC sort de scène*).

JOHNSON

Voici un message pour toi, mec. On aime pas les Noirs ici. T'as pas ta place ici et tu seras jamais un des nôtres. Ni dans l'équipe, ni dans ce village.

RICKY

Fais gaffe[22] qu'il t'arrive rien de mal.

JOHNSON

T'es sur notre territoire, n—

Des coulisses, on entend la voix de M. LeBLANC.

M. LeBLANC

JOHNSON, RICKY, EDDIE ! ALLONS-Y !

Les capitaines sortent de scène. EDDIE est toujours là, choqué et seul. Les lumières s'éteignent.

---

[22] Fais gaffe : Be careful (slang).

ENTRACTE

ACTE II

Scène 1

La cuisine d'une maison de taille moyenne, dans un état du nord-est des États-Unis. Le matin, avant l'école. Jour de rentrée. Premier jour de terminale pour EDDIE et premier jour de seconde pour JAMES.

EDDIE est prêt, il a son sac à dos. Il boit un café et attend que son frère ait fini son petit déjeuner.

EDDIE

James, allons-y. Tu veux pas être en retard le premier jour d'école.

JAMES

Tu sais quoi ? Le lycée est pas si important. En fait, j'ai décidé de pas y aller...surtout si ça commence à cette heure stupide.

MAMAN arrive sur scène. Pressée[23], mais prête pour le travail.

---

[23] pressée : hurried.

MAMAN

Qu'est-ce qui est stupide, James ? Pas toi.

JAMES

Bien sûr que non, MAMAN. Je suis super intelligent. Et c'est pour ça que je vais pas aller au lycée.

EDDIE

Désolé, mec, mais la loi dit que tu dois aller à l'école jusqu'à l'âge de 16 ans. T'as encore 2 ans à faire.

JAMES

Pfft. Pourquoi est-ce que tu dois détruire mes fantasmes avec ce genre d'information ? Je veux pouvoir encore rêver un peu...
(JAMES prétend dormir à table)

MAMAN

Et dans cette maison, tu n'as pas le choix d'abandonner l'école. Et tu vas aller à l'université après le lycée.

JAMES lance un regard noir à sa mère.

JAMES

Et si j'aime pas ça ?

EDDIE

Personne aime l'école. C'est la vie.

JAMES

Toi, tu aimes ça. Ou au moins t'as l'air d'aimer l'école...

EDDIE

Je tolère l'école et je tolère les habitants de ce village, même s'ils sont racistes.

MAMAN

James, aller à l'école t'inquiète ?

JAMES

Maman, tu SAIS que je souffre d'anxiété... *(levant les yeux au ciel[24] et lançant un regard noir à sa MAMAN)*

MAMAN

Ce qui est arrivé à Eddie ne va pas t'arriver, James. On a résolu cette situation avec la direction de l'école.

---

[24] levant les yeux au ciel : rolling his eyes.

JAMES

Résolu, hein ? Les joueurs ont eu la permission de continuer à jouer et le coach de foot est toujours le même gars. Incroyable !

MAMAN

OK, on va pas discuter de ça maintenant. Vous devez tous les deux arriver à l'école à l'heure. Vous avez hâte[25] d'aller à l'école ensemble pour la première fois ? Faut qu'on prenne une photo.

JAMES

Une photo? *(se plaignant[26])* Vraiment, maman ?!

MAMAN

Je prends une photo de vous deux tous les ans à la rentrée.

EDDIE

Et on se plaint tous les ans.

MAMAN

Allons-y. Près de la fenêtre.

---

[25] Vous avez hate : Are you excited?
[26] se plaignant : complaining.

EDDIE

Allons-y, James. Mon frère. *(entourant le cou de son frère avec son bras)*

MAMAN prend une photo de ses deux fils.

EDDIE

T'es prêt, James ?

JAMES

De souffrir à l'école ? Je suppose que oui. *(grognant[27] pendant qu'il prépare son sac à dos)*

EDDIE

Tchao, maman. *(embrassant MAMAN sur la joue[28])* À cet apr'.

JAMES

Salut, maman. Si je survis pas aujourd'hui, mon corps sera au bureau du lycée

MAMAN

Ne sois pas si dramatique, James. Donne-moi un baiser et j'espère que ton premier jour de lycée sera agréable.

---

[27] grognant : grumbling.
[28] joue : cheek.

JAMES

Au secours ! C'est la mort qui m'attend.

EDDIE

Allons-y, clown.

MAMAN

Eddie, fais attention et sois prudent au volant[29].

EDDIE

Bien sûr, salut, maman.

Les deux garçons sortent de scène. MAMAN continue à regarder les photos qu'elle vient de prendre avec son téléphone et que les spectateurs peuvent voir sur l'écran. Les lumières s'éteignent et le rideau se ferme.

---

[29] au volant : at the wheel (driving).

Scène 2

Dans le corridor de l'école. Première semaine de la dernière année de lycée d'EDDIE.

EDDIE parle avec JOVAUGHN près de leur casier.

JOVAUGHN
EDDIE, redis-moi pourquoi tu veux être le président de cette stupide école ?

EDDIE
Jo, une fois encore : « Sois le changement que tu veux voir dans le monde. »

JOVAUGHN
Tu me l'as dit un million de fois, mais ici, dans cette école ? Tu penses que tu peux gagner ?

EDDIE
Oui. Je sais que c'est le second tour des élections parce que personne n'a gagné avec une majorité des voix au printemps. Mais peut-être qu'après les manifs[30] de l'été... je sais pas. Je sais pas si je vais gagner, mais je vais certainement pas gagner si je suis pas candidat. En plus, être

---

[30] manifs : protests.

président de l'école - même de cette école - c'est bon pour mon CV[31] et pour ma demande à l'université, tu crois pas ?

JOVAUGHN

Ha ! (*avec mépris*[32]) Ouais, les universités devraient nous accepter juste parce qu'on a survécu dans ce village pendant tant d'années.

EDDIE

Sans déc[33].

JAMES passe.

JOVAUGHN

Voilà ton frère. Je vais l'embêter...

JAMES

Salut Eddie. Salut Jo !

EDDIE

Fais attention, mec.

JAMES

Pourquoi ?

---

[31] CV : curriculum vitae/ résumé.
[32] mépris : contempt.
[33] sans déc : you're not kidding.

JOVAUGHN

(attrapant JAMES et le serrant dans ses bras tout en lui donnant un léger coup de poing dans le ventre) James, mec. Quoi de neuf ? Comment tu vas ? *(le serrant dans ses bras un peu plus fort)*

JAMES

Ah ! Ha ! Salut, Jo. Je suis content de te voir. *(murmurant)* Arrête, j'ai de la peine à respirer.

JOVAUGHN laisse JAMES aller et ils se serrent la main avec leur signal habituel.

JOVAUGHN

Ha, ha ! James. Tout va bien ?

À ce moment, WILL et PETER passent dans le corridor. WILL frappe JAMES par derrière.

WILL

Oh, désolé, je t'avais pas vu.

JAMES est surpris mais ne dit rien. EDDIE comprend ce qui se passe et se fâche.

EDDIE

Bien sûr que tu nous a vus. On est les seuls dans le corridor. Sois pas si con. C'est vraiment pas nécessaire.

PETER

Eddie, calme-toi. C'est pas grave.

JOVAUGHN

Vous êtes des trous du—

M. LeBLANC entend les garçons parler fort et sort de sa classe.

M. LeBLANC

Messieurs, vous avez un problème ?

WILL

Bien sûr que non, coach. On discute entre amis.

JAMES

C'est pas exactement—

EDDIE lance un regard à son frère pour qu'il arrête de parler.

M. LeBLANC

Le cours commence dans deux minutes.

M. LeBLANC retourne à sa classe.

EDDIE

Allons-y les gars. Et James, on se retrouve ici après l'école et je te ramène à la maison.

PETER

Ah oui, c'est vrai. Tu dois pas rester après l'école parce que tu joues pas au foot.

EDDIE

C'est fini le foot. J'ai plus de temps pour me concentrer sur la vie civique de l'école et sur les changements que je veux faire ici.

WILL

Changements ? Quels changements ?

EDDIE

Je te donnerai des infos sur le sujet lundi, quand je fais mon discours. Allons-y, les gars. À bientôt, les « amis ».

EDDIE, JOVAUGHN et JAMES sortent de scène. WILL et PETER les suivent des yeux, bavardant et murmurant des choses que le public ne peut pas entendre. Les lumières s'éteignent.

Scène 3

La cuisine d'une maison de taille moyenne, dans un état du nord-est des États-Unis. Le soir, heure du dîner.

MAMAN, PAPA, EDDIE et JAMES sont à table ; ils mangent et discutent.

MAMAN
Alors, comment ça s'est passé à l'école, les gars ?

JAMES
(exaspéré) Maman, ça fait combien d'années que tu es journaliste ? Tu poses les mêmes questions tous les jours. Tu dois avoir d'autres questions, non ? *(riant)*

MAMAN
Arrête de critiquer, James. Je veux juste voir comment vont mes fils. *(souriant)*

PAPA
Et arrête d'embêter ta maman. Elle pose des questions pendant toute la journée. Alors... comment ÉTAIT le premier jour d'école ?

EDDIE

Vous êtes tous les deux incroyables. *(souriant et mangeant)*

JAMES

C'était comment l'école ? C'était comment l'école ? Attendez voir... C'était bien.

MAMAN

Qu'est-ce que tu veux dire par là ? Cette réponse ne me donne aucune information.

JAMES

(effrontément[34]) Peut-être que tu devrais poser une autre question...

PAPA

(souriant et mangeant) Vous êtes tous les deux incroyables.

JAMES

Bon, j'ai vu Eddie et Jo dans le corridor aujourd'hui et Jo a essayé de m'étouffer[35]. C'était pas très confortable.

MAMAN

Quoi ??

---

[34] effrontément : brazenly.
[35] m'étouffer : to suffocate me.

55

EDDIE

Il lui a donné un gros câlin[36], maman. Rien de mal est arrivé à ton petit garçon.

JAMES

Et puis ces cons sont arrivés.

MAMAN

Vocabulaire, James !

PAPA

Quels cons ?

JAMES

Ces idiots qui sont dans la même année qu'Eddie, Will et Peter. Un des deux m'a frappé par derrière.

PAPA

Et alors, qu'est-ce qui s'est passé ? C'était accidentel ? Y'avait beaucoup de gens dans le corridor ?

EDDIE

Non, papa. C'était intentionnel. Ce sont les mêmes gars qui nous embêtent tout le temps.

---

[36] câlin : hug.

PAPA

Ignorez-les.

MAMAN

Est-ce qu'ils embêtent tout le monde ?

EDDIE

Pas vraiment. Seulement les élèves de couleur et les élèves qu'ils considèrent comme inférieurs.

PAPA

Ignorez-les. Vous n'êtes pas à l'école pour être amis avec tout le monde.

EDDIE

(malheureux) Non, mais ça serait super si je pouvais aller à l'école sans être embêté tous les jours.

MAMAN

Apparemment, je vais devoir de nouveau aller parler à la direction de l'école.

JAMES et EDDIE

NON !

EDDIE

Maman ne les appelle pas. L'élection est lundi et je veux pas créer de problèmes.

MAMAN

(pas sûre d'elle-même) Je sais pas, Eddie, le directeur devrait être conscient de ce comportement[37].

EDDIE

Peut-être après l'élection. Ça va aller. Je saurai mieux ce qui se passe à l'école pour protéger James, d'accord ?

PAPA

Et qu'est-ce que tu penses de l'élection ? Être président de l'école ? C'est quelque chose qui te sera utile quand tu fais des demandes d'admission à des universités.

EDDIE

Bien sûr, papa. Mais en même temps, je veux faire des changements à l'école.

JAMES

T'as au moins un vote, Eddie. Je vais voter pour toi.

---

[37] comportement : behavior.

EDDIE

(riant un peu) Bien sûr. Si tu votes pas pour moi, je vais pas t'emmener à l'école le matin.

JAMES

(imitant) « Je vais pas t'emmener à l'école le matin. » Tu sais bien que c'est pas ta voiture, hein ? Et tu dois m'amener tous les jours.

MAMAN

OK, les gars. Ça suffit. Finissons le dîner de façon civilisée.

EDDIE et JAMES continuent à se disputer gentiment et les lumières s'éteignent.

Scène 4

À l'école. Un lundi ; le jour des élections scolaires.

L'écran s'abaisse[38] devant le rideau et le public regarde les discours pour le second tour des élections pour la présidence de l'école.

EDDIE

Chers camarades de classe, chers membres de la direction et de la communauté de notre école. Comme vous le savez déjà, je m'appelle Eddie et je voudrais être votre président cette année. J'ai participé à la vie civique scolaire pendant trois ans: ma première année comme vice-président de ma classe et les deux dernières années comme président de ma classe. J'ai beaucoup d'expérience et je veux l'utiliser pour aider à améliorer les choses dans cette école.

D'abord, je voudrais faire des changements au niveau du nombre et de la diversité des clubs de l'école. Ensuite, je veux discuter avec la direction et le conseil scolaire des sortes de cours d'histoire qui sont offerts ici. Finalement -

---

[38] s'abaisse : lowers.

et c'est le plus important, haha - je veux faire des changements au niveau de la nourriture servie à la cantine. On devrait pouvoir goûter des aliments[39] de différentes régions du monde.

Notre école est une bonne école, mais on peut améliorer les choses. Si vous votez pour moi comme président, je vais travailler dur pour ces changements et pour améliorer les choses - pour tout le monde.

JULIANNA

Bonjour. *(riant)* Je suis Julianna. Je veux être la présidente de l'école. Vous savez que je suis très occupée, je participe à beaucoup d'activités. Je joue au foot, je suis dans l'équipe de natation et je joue aussi à la crosse. Je suis aussi la présidente de S.A.D.D. et je participe à beaucoup d'autres activités. J'aime - non j'adore - être dans cette école. Je veux que cette année soit la meilleure année pour nous tous.

---

[39] aliments : foods.

Scène 5

La salle de classe de M. LeBLANC. Dernier cours de la journée. Deuxième semaine d'école.

Le rideau s'ouvre, les élèves sont dans la classe d'anglais AP avec M. LeBLANC. Ils viennent de regarder les discours pour la présidence de l'école.

M. LeBLANC

OK classe. Il est temps de voter. Vous pouvez accéder au lien pour voter sur la page d'accueil [40]de l'école. Comme pour les élections « réelles », vous pouvez voter juste une fois, et si vous n'aimez pas les candidats, vous pouvez écrire le nom d'une autre personne à qui vous voulez donner votre voix.

EDDIE

Julianna, bravo pour ton discours. Bonne chance avec l'élection. *(lui tendant la main pour serrer la sienne)*

JULIANNA

Merci Eddie. C'est gentil. Je veux être présidente, bien sûr, mais ton discours était

---

[40] page d'accueil : homepage.

excellent. Tu parles si bien. *(souriant)* Bonne chance à toi aussi.

Les autres élèves parlent pendant qu'ils votent sur leur téléphone.

M. LeBLANC
Si vous avez voté, vous pouvez y aller. N'oubliez pas le devoir : lisez Nat Turner, pages 33-78.

La majorité de la classe se lève et quitte la classe et la scène.

M. LeBLANC
Eddie et Julianna, vous allez m'aider à compter les votes, n'est-ce pas ?

JULIANNA
J'ai seulement quinze minutes. Je dois aller à l'entraînement de foot. Je suis la capitaine.

EDDIE
Bien sûr, M. LeBLANC. Je peux rester vous aider.

M. LeBLANC
Vous avez votre ordinateur portable, n'est-ce pas ? Je vais vous envoyer le lien pour les résultats.

JULIANNA

J'ai pas mon ordinateur.

EDDIE ouvre son ordinateur et voit les résultats organisés en trois colonnes, un X pour Julianna, un X pour lui-même et un X pour un autre nom. Le public voit les résultats sur l'écran.

M. LeBLANC

La direction veut le nombre de votes de chaque candidat. Vous avez tous les deux fait une bonne campagne. Que le meilleur gagne.

JULIANNA

Merci, Monsieur.

EDDIE

Est-ce que le programme va calculer les résultats ou est-ce qu'on doit compter les votes ?

M. LeBLANC

Je ne sais pas. Je vais regarder l'email qu'on m'a envoyé.

JULIANNA

Je peux pas rester plus longtemps. Je dois être sur le terrain. Tu peux finir de compter, Eddie ?

EDDIE

Bien sûr, t'inquiète[41].

JULIANNA

Merci, Eddie. Compte bien et ne triche pas. Ha, ha!

EDDIE

Je suis pas comme ça, Julianna.

JULIANNA

Je sais, Eddie. Je plaisante. OK, je dois y aller. Tchao !

JULIANNA quitte la scène. EDDIE continue à regarder les votes, remarquant que beaucoup d'élèves ont écrit le nom de « Triunfo » - un politicien raciste, dans la troisième colonne. L'information est visible sur l'écran.

EDDIE

M. LeBLANC, est-ce que je dois écrire le nom du candidat que les élèves ont écrit, même si c'est pas un élève de l'école ?

---

[41] t'inquiète : no worries.

M. LeBLANC

Oui, on va rapporter tous les votes des élèves. Ah, voilà l'email. Il dit « Le programme informatique comptera le nombre de votes pour les deux candidats principaux, mais il ne comptera pas le nombre de votes pour les autres candidats, qui devront être comptés manuellement ».

EDDIE

(sans expression et se parlant à lui-même) C'est une bonne chose que cette école ne soit pas très grande vu le nombre de votes que le troisième candidat a reçus.

Les lumières s'éteignent alors qu'EDDIE compte les votes. M. LeBLANC ne fait rien pour l'aider et il ne prête aucune attention à ce qui se passe.

Scène 6

La cuisine d'une maison de taille moyenne, dans un état du nord-est des États-Unis ; le soir.

JAMES est assis à la table de la cuisine et il fait ses devoirs. MAMAN range la cuisine après le dîner.

MAMAN
Qu'est-ce que tu as comme devoirs, James ?

JAMES
Un devoir d'histoire. On doit répondre à cette question : « Quelles sont les implications politiques, géographiques et sociales de l'expansion mondiale ? »

MAMAN
L'expansion ? À partir d'où ? Et jusqu'où ?

JAMES
Maman, qu'est-ce que j'en sais ? J'ai quatorze ans. C'est un miracle que je me souvienne de faire mes devoirs.

MAMAN
(riant) Tu as raison, James. C'est un miracle. Je peux t'aider ?

JAMES

Ça serait super. Merci.

MAMAN

Quels concepts est-ce que vous étudiez en classe ?

JAMES

C'est un cours d'histoire mondiale, donc : histoire du monde ?

MAMAN

Oh, tu es le maître de l'évidence. *(riant)* Bon, tu dois probablement réfléchir à l'expansion européenne sur d'autres continents.

JAMES

Oh, OK. C'est facile. Je peux répondre à la question maintenant.

MAMAN

Mais tu dois te souvenir que c'est seulement une partie de l'histoire.

JAMES

Non, tu as raison. On parle de l'Europe en classe. La réponse est facile...

MAMAN

Non, James, ce que je veux dire, c'est que c'est juste une partie de l'histoire. Oui, les Européens ont étendu leur domination et leur contrôle sur le monde pendant cette période, mais leur façon de raconter l'histoire - n'est pas la seule à considérer.

JAMES

Mais c'est ce qui s'est passé ? C'est pas juste ?

MAMAN

James, l'histoire qu'ils te présentent est l'histoire racontée du point de vue des Européens, et c'est seulement un point de vue. Par exemple, qui étaient les premiers résidents de ce pays ?

JAMES

(automatiquement) Les pèlerins[42] anglais. On a appris ça en première année.

MAMAN

James, réfléchis. Les premiers habitants. On parle beaucoup de ça dans cette maison.

---

[42] pèlerins : pilgrims.

JAMES

Oh. Les Amérindiens.

MAMAN

Et tu penses que leur histoire est la même que celle des Européens ?

JAMES

Ouais...non.

MAMAN

Exactement. C'est comme quand Eddie et toi viennent nous voir, papa et moi, quand vous vous disputez. On doit écouter les deux points de vue...

JAMES

...pour comprendre les deux perspectives, même si tu ne me crois jamais ! Mais maintenant je comprends. Il semble qu'en classe, ils nous présentent juste une perspective. Pourquoi est-ce qu'ils nous racontent pas toute l'histoire ?

MAMAN

L'information qu'on te donne en classe est correcte, mais c'est pas toute l'histoire. Tu dois garder en tête les points de vue de tous les gens impliqués, leurs idées et leurs expériences.

MAMAN essuie la vaisselle. JAMES commence à écrire ses réponses sur son ordinateur portable. Il a l'air perplexe.

JAMES
Maman, pourquoi est-ce qu'on habite dans ce village ?

MAMAN
(ne répond pas immédiatement) Pourquoi est-ce que tu poses cette question, James ?

JAMES
Je sais pas. C'est que c'est dur d'être une personne de couleur dans ce village. On est pas nombreux et on nous accepte pas vraiment.

MAMAN
Est-ce que tu as encore des problèmes à l'école ?

JAMES
Non... pas vraiment. Mais les gens nous voient différemment des enfants blancs. C'est pas quelque chose que je vois, mais c'est quelque chose que je sens.

MAMAN attend que JAMES continue.

JAMES

Par exemple, il y a un nouvel élève dans ma classe. Il s'appelle Abubakar[43]. Son père est le nouveau professeur d'études du Moyen-Orient à l'université.

MAMAN

Vraiment ? C'est chouette. Tu le connais bien ?

JAMES

Bien sûr maman. C'est la seule personne de couleur de la classe (à part moi). Et en plus, il est sympa. On s'amuse bien.

MAMAN

Alors, où est le problème ?

JAMES

Abubakar est dans trois de mes cours. Il est vraiment intelligent - plus intelligent que moi, et comme tu le sais, je suis INTELLIGENT *(riant)*. Tous les profs prononcent mal son nom, même si c'est super facile. Je sais pas si c'est intentionnel.

---

[43] Abubakar : pronounced a-BU-ba-kar.

MAMAN

Euh... C'est embêtant, n'est-ce pas ? Est-ce qu'Abubakar a mentionné quelque chose en classe pour corriger la prononciation des profs ? Est-ce que tu as dit quelque chose ?

JAMES

Chaque fois qu'ils disent Abu-bake-r, on dit tous les deux « Abu-bah-kar », mais ils écoutent pas...

À ce moment, EDDIE, fâché, entre dans la cuisine.

MAMAN

Salut Eddie, tu as eu une bonne journée ?

EDDIE

Salut maman. Oh, j'ai passé une excellente journée. Encore une journée au paradis dans ce village. Un enfer raciste.

MAMAN et JAMES se regardent, un peu surpris.

MAMAN

Je vois. Et si je te réchauffais quelque chose à manger et si tu nous racontais tout ?

JAMES

Frérot, bravo pour ton discours aujourd'hui. J'ai beaucoup aimé. Et il était bien meilleur que celui de l'autre candidate. Elle s'appelle comment ? Alors, comment ça s'est passé ? T'es la première personne de couleur à être président de notre école ou quoi ?

EDDIE

Elle s'appelle Julianna. En fait, maman, j'ai pas faim.

MAMAN

Il faut que tu manges, et comme je suis la maman... *(souriant)* Assieds-toi. James, va chercher une bouteille d'eau pour ton frère dans le frigo.

EDDIE s'assied à table. JAMES lui apporte de l'eau.

EDDIE

Maman, pourquoi est-ce qu'on habite dans ce village ? Ils sont tous racistes.

MAMAN lui apporte la nourriture qu'elle a réchauffée au micro-onde.

MAMAN

Ton père et moi avons pensé que ce village serait bien parce que les écoles sont meilleures.

EDDIE

Ma seule éducation ici, c'est d'apprendre que la majorité des habitants du village sont privilégiés parce qu'ils sont blancs.

MAMAN

Qu'est-ce qui s'est passé, Eddie ? C'est l'élection ? Les résultats ont été annoncés ?

EDDIE

Ouais. J'ai gagné. Mais même si mon discours était meilleur et j'étais le meilleur candidat, j'ai pas reçu la majorité des votes. En plus, 20% des élèves de l'école ont écrit le nom « Triunfo », ce politicien raciste, et ils lui ont donné leur vote. Imbéciles. Et maintenant, je veux pas être président de l'école. Pourquoi l'être ? Pour aider cette école et les gens qui sont constamment contre moi ?

MAMAN

Tu veux que je téléphone... ?

EDDIE

(crie) NON !

MAMAN et JAMES sont surpris.

EDDIE

Désolé. Non, ne téléphone à personne. C'est un grand problème qui ne peut pas être résolu par un coup de téléphone, un email ou même une conversation.

MAMAN

Bon. Eddie, tu es presque adulte. Si tu as besoin de mon aide, tu dois me le dire. (*lui donne un baiser sur la tête*) Mais je suis très fière de toi. Parce que tu as gagné l'élection, parce que tu es la première personne de couleur à devenir président de l'école, et parce que tu es mon fils. (*parlant à JAMES*) Et toi aussi, mais il faut que tu finisses tes devoirs.

Les lumières s'éteignent et le rideau s'abaisse alors qu'EDDIE est perdu dans ses pensées, que JAMES fait le clown en prétendant faire ses devoirs et que MAMAN a l'air inquiète.

Scène 7

À l'école, un soir de novembre. À l'entrée du gymnase.

> *EDDIE et JOVAUGHN traversent le parking après l'entraînement de basket.*

EDDIE

Tu veux que je te ramène à la maison, Jo ?

JOVAUGHN

Non, merci. Mon père vient me chercher. Hé, Eddie, est-ce que M. LeBLANC a écrit des commentaires sur ta composition pour l'université ?

EDDIE

Ouais. Il m'a dit que ma composition était trop « personnelle ». C'est pas justement l'idée ? Pour que les gens puissent faire ma connaissance, même si c'est de façon unidimensionnelle ? Est-ce qu'il a aussi écrit des commentaires sur ta composition ?

JOVAUGHN

Ouais. Même genre de commentaire. Ce gars comprend rien.

EDDIE

C'est vrai. Par exemple, on a lu Nat Turner en 9ᵉ et on le relit cette année - et avec les mêmes leçons ! Est-ce qu'il pense être au courant[44]? Qu'il est woke ? Il a du chemin à faire[45]... Dis-moi, t'as écrit ta composition sur quel sujet ?

JOVAUGHN

Sur le fait d'être une personne noire dans un village qui manque de diversité. Et toi ?

EDDIE

Même chose. Quelles qualifications est-ce que LeBlanc a pour faire des commentaires ? Qu'est-ce qu'il en sait sur le fait d'être noir ici ? De quoi est-ce qu'il veut qu'on parle dans notre composition ? Quelque chose de basique comme la plupart des élèves *(sarcastiquement)*. « Mes défis[46]: comment choisir entre le base-ball et le golf ? »

JOVAUGHN

Ha, ha ! Ouais !

---

[44] au courant : aware, in the know.
[45] du chemin à faire : a way to go.
[46] défis : challenges.

Son téléphone vibre dans sa poche. Il répond immédiatement, tout en parlant à EDDIE.

JOVAUGHN

C'est mon père. Il est là mais il sait pas où aller. Classique. Il dit qu'il est devant l'entrée principale.

EDDIE

OK, mec. *(serrant la main de Jo)* À demain. Sois prudent, d'accord ?

JOVAUGHN

Oui, certainement. On sait ce qu'on à faire. Toi aussi, sois prudent.

JOVAUGHN court en direction de la voiture de son père et quitte la scène.

EDDIE arrive à sa voiture et cherche ses clefs dans sa veste et dans les poches de son pantalon.

EDDIE

Où sont mes clefs ? *(il met son sac et son sac à dos par terre et les cherche)*. Super. Bon travail,

Eddie. T'as pas mis le bouchon[47] sur ta bouteille d'eau et maintenant la clef intelligente[48] est mouillée[49]. J'espère qu'elle va marcher.

EDDIE prend les clefs et appuie plusieurs fois sur le bouton pour déverrouiller[50] la voiture. Il voit les phares[51] d'une voiture mais ne prête pas vraiment attention. Il essaye d'ouvrir la portière, même si la clef intelligente ne marche pas. Frustré, il saisit la poignée[52] de la portière et essaye de l'ouvrir. À ce moment-là, la voiture s'arrête près de lui. C'est une voiture de police. Un POLICIER sort de la voiture.

LE POLICIER

Qu'est-ce que tu fais ?

EDDIE

(sans réfléchir à la situation.) Je veux rentrer mais la clef marche pas.

---

[47] bouchon : (bottle) cap.
[48] clef intelligente : key fob.
[49] mouillée : wet.
[50] déverrouiller : unlock.
[51] phares : headlights.
[52] saisit la poignée : grabs the handle.

LE POLICIER

(considérant la marque de la voiture et regardant EDDIE.) Tu es sûr que c'est ta voiture ?

EDDIE

C'est la voiture de mon père.

EDDIE essaye de sortir son téléphone. LE POLICIER réagit de façon défensive.

LE POLICIER

Montre-moi tes mains.

EDDIE réalise ce qui se passe et entend la voix de sa mère.

Il entend la voix de sa mère qui lui dit : « Eddie, quand tu as une interaction avec la police, il est extrêmement important que tu suives les instructions. Il faut toujours que tu suives les instructions ».

EDDIE

Oui, monsieur. Je voulais juste prendre mon téléphone pour appeler mon père.

LE POLICIER

Oh, tu dois appeler ton papa. Tu as le permis[53]?

EDDIE

Oui, monsieur. Mon permis est dans mon portefeuille, qui est dans mon sac à dos. Je peux le prendre ?

LE POLICIER

Qu'est-ce qu'il y a dans ton sac à dos ? *(le prenant pour sentir ce qu'il y a à l'intérieur)*

EDDIE

Mon portefeuille. Des livres, des cahiers et une calculette. Rien d'autre.

LE POLICIER sent le portefeuille et donne le sac à dos à EDDIE pour qu'il puisse l'ouvrir.

LE POLICIER

Oui. Sors ton portefeuille.

EDDIE sort son portefeuille et donne son permis au POLICIER.

---

[53] permis : license.

LE POLICIER

(lisant) Edward G. Meyer. OK, Edward G. Meyer. Quel est ton numéro de téléphone ? On va appeler ton père.

EDDIE

Mon numéro est 555-8164.

LE POLICIER

(faisant le numéro) Qu'est-ce que ton père va dire ? Est-ce qu'il va répondre ?

EDDIE

Oui, monsieur. Mon père m'attend à la maison parce qu'il a besoin de la voiture. Il a sa ligue de basket ce soir.

LE POLICIER

(parlant au téléphone.) M. Meyer ? C'est l'officier White. Je suis avec votre fils dans le parking de l'école. Il dit que la clef ne marche pas. Est-ce que vous avez un VUS [54] blanc ?

EDDIE devient vraiment nerveux.

LE POLICIER

Ton père arrive.

---

[54] VUS : SUV.

EDDIE ne dit rien. Il pense à tous ces Noirs qui sont morts aux mains de la police aux États-Unis. Des noms et des images apparaissent sur l'écran pour le public.

LE POLICIER est arrogant mais sans expression. Ils voient les phares d'une autre voiture. Le père d'EDDIE marche vers eux.

PAPA

Bonsoir. *(tendant la main)* Je suis Daniel Meyer. Le père d'Eddie. Eddie, comment vas-tu ? Tout va bien ?

LE POLICIER

Vous êtes le père d'Edward ?

PAPA

Oui. Il y a un problème ?

LE POLICIER

Et c'est votre voiture ?

PAPA

C'est la voiture de ma femme, mais c'est mon nom sur le permis de circulation.

EDDIE

Papa, je pouvais pas ouvrir la portière parce que la clef intelligente était mouillée alors elle marchait pas.

PAPA

T'inquiète pas, Eddie. J'ai l'autre clef. *(l'utilisant pour ouvrir la portière)* Et Monsieur... *(regardant son badge)* White... Vraiment, quel est le problème ? Pourquoi est-ce que vous embêtez mon fils ?

LE POLICIER

(Son attitude change quand la portière s'ouvre) Il n'y a aucun problème. La voiture est ouverte et ...

PAPA

Oui, mais pourquoi est-ce que vous ne l'avez pas laissé m'appeler ? Pourquoi est-ce que j'ai dû recevoir un appel de la police ? C'est à cause de la couleur de sa peau ?

LE POLICIER

M. Meyer. Il n'y a pas de problème. Tout s'est bien passé. Maintenant, ramenez Edward à la maison et vous pouvez aller jouer au basket. Tout va bien.

PAPA

Vous avez déjà entendu parler du bénéfice du doute ? C'est une très bonne idée de l'utiliser avec les jeunes. Ça crée une atmosphère de confiance avec eux.

LE POLICIER

Il faut toujours être prudent dans ce travail.

PAPA

Avec mon fils ? Il a 17 ans.

LE POLICIER

Il s'est rien passé. Bonne soirée !

LE POLICIER communique par radio et quitte la scène.

PAPA

Eddie, mon fils, ça va ?

Les lumières s'éteignent. Le public continue à regarder les images des gens assassinés par la police.

Scène 8

EDDIE entre sur scène dans le noir. Alors que les lumières s'allument, il fait le tour de la scène en regardant sur l'écran les photos des personnes assassinées. Une musique envoûtante[55] joue.

---

[55] envoûtante : haunting.

ACTE III

Scène 1

La cuisine d'une maison de taille moyenne, dans un état du nord-est des États-Unis ; l'après-midi.

La famille discute en rangeant après le dîner. Tout le monde est là : EDDIE, JAMES, MAMAN et PAPA.

JAMES
Papa, tu es le roi du grill. Une fois encore, tu gagnes le premier prix. Merci pour cet excellent dîner. *(se frottant l'estomac)*

EDDIE
James, papa a préparé des hamburgers, comme il l'a fait tant de fois. Tu parles comme si...

JAMES
Eddie, il est absolument nécessaire d'exprimer sa gratitude pour un repas. Toujours. En plus, je sais pas cuisiner. Ha !

MAMAN
James, oublie. Je vais t'aider avec tes devoirs.

MAMAN et JAMES quittent la scène.

PAPA

EDDIE, est-ce que tu as toujours l'intention d'aller aux manifs demain pour « Black Lives Matter » ?

EDDIE

(défensivement) Oui. C'est important de manifester. Bien sûr, c'est important de manifester pas seulement pour s'exprimer sur les problèmes de brutalité policière envers les personnes de couleur, mais aussi pour exprimer sa solidarité envers tout le monde.

PAPA

Je suis d'accord.

EDDIE

(pas aussi défensivement) Tu es d'accord avec moi ou avec le mouvement ? Tu as jamais rien mentionné à ce sujet ?

PAPA

Je suis d'accord avec toi, Eddie, et je suis d'accord avec le mouvement. C'est un mouvement important. Et ça fait partie de ton identité et de ton patrimoine[56].

EDDIE

Mais tu en as jamais parlé jusqu'ici et ...

PAPA

Eddie, tu sais que j'aime ta maman plus que quiconque[57]. Et que je vous aime beaucoup, James et toi. Comme je te vois pas différemment, je pensais que tout le monde te voyait de la même manière. Mais les choses sont pas comme ça. Bien sûr, je réalise que ton frère et toi, vous êtes métis, mais je vous vois comme mes fils et ma famille, et comme une part de moi-même. C'est peut-être le problème.

PAPA fait la vaisselle mais il se retourne vers son fils.

EDDIE

Papa, ne dis pas ça. Il y a pas de problème. James et moi, on sait que tu nous aimes. Mais c'est vrai que le monde entier ne nous aime pas de la même manière. Et cette prise de conscience[58],

---

[56] patrimoine : heritage.
[57] quiconque :anyone.
[58] prise de conscience : realization.

le fait qu'on nous déteste à cause de la couleur de notre peau, est difficile pour nous.

PAPA lave les assiettes mais il se retourne vers son fils.

PAPA

Oh, Eddie. Pardonne-moi de ne pas faire plus attention pour mieux vous aider tous les deux ; pour vous soutenir comme vous en avez besoin - non seulement en tant que père, mais en tant que VOTRE père. Tu peux me pardonner ?

EDDIE

Bien sûr, papa.

PAPA

Et je voudrais y aller avec toi demain. C'est si important. Tu me permets d'y aller avec toi ?

EDDIE

(regardant son père, surpris mais heureux) Euh, bien sûr, papa. Je pars à neuf heures demain et je vais y rester toute la journée.

PAPA

Je serai prêt. Je me réjouis de vivre cette expérience avec toi.

EDDIE

Et papa, tu vas pas faire des conn—

MAMAN

(de l'autre pièce) EDDIE, pas de gros mots !

EDDIE

Cette femme a des oreilles d'éléphant. *(riant)*

PAPA

T'as aucune idée. Ta mère et moi, on se chamaille[59] souvent parce que j'ai l'habitude de parler à voix basse ; elle m'entend toujours et a toujours quelque chose à dire.

EDDIE

Ah ouais, je comprends. Mais papa, merci de comprendre l'importance de la situation.

PAPA

Excuse ma stupidité. Ta mère et moi, on parlait souvent de nos différences ethniques et de nos patrimoines, mais on n'en parle plus souvent ces temps parce que ...

---

[59] se chamaille : bicker.

EDDIE

La vie, non ? La vie est occupée. En plus, vous saviez pas comment ça serait d'avoir des enfants métis dans ce village.

PAPA

Non, on savait pas. Comment ça se fait que tu es si consciencieux et si intelligent ? Tu es bien le fils de ta mère.

EDDIE

Je suis votre fils à vous deux. Et fier[60] de l'être.

PAPA

Je suis fier de toi aussi. Je me réjouis de la manif demain. Il y a beaucoup à faire.

EDDIE

Papa, tu penses que les gens peuvent changer d'avis ?

PAPA

Je sais pas. Mais on va y aller pour apprendre comment on peut améliorer cette situation difficile. Tu as des idées ?

---

[60] fier : proud.

EDDIE

Pas pour l'instant. Mais je veux participer au changement, un changement dont ce village et ce pays ont besoin.

PAPA

Je vais faire ce que je peux pour t'aider, Eddie.

EDDIE

Merci, papa. Maintenant, je vais aller faire un panneau[61] pour demain.

PAPA

Qu'est-ce qu'il va dire ?

EDDIE

« Ma vie compte ». Je te le montrerai plus tard.

Eddie quitte la scène, laissant PAPA seul dans la cuisine.

PAPA

(à lui-même) Oui, elle compte. Elle compte énormément.

Le rideau se ferme.

---

[61] panneau : sign.

Scène 2

À la manifestation pour « Black Lives Matter » contre la brutalité de la police envers les personnes de couleur, en particulier les Noirs ; université de la région. Le lendemain[62].

Le rideau est fermé et au devant de la scène, beaucoup de groupes ethniques différents sont là avec des panneaux, manifestant. La famille Meyer est là : MAMAN, PAPA, EDDIE et JAMES. JOVAUGHN est aussi là. Les gens crient.

JAMES

Regarde les gens. Il y a tant de gens ici.

EDDIE

C'est vrai. C'est un événement vraiment important. Il faut manifester.

JAMES

Il y a tellement plus de personnes noires ici que dans notre village.

EDDIE

Génial, hein ? Notre village a aucune diversité. C'est pour ça qu'ils peuvent pas penser...

---

[62] lendemain : next day.

MAMAN

Regarde, voilà Jovaughn.

JAMES

(criant) Jo, hé !

JOVAUGHN arrive et dit bonjour à la famille. Il serre JAMES dans ses bras avec tant de force que JAMES a dû mal à respirer.

JOVAUGHN

Bonjour tout le monde ! Et salut, James. *(le frappant gentiment)*

JAMES

Hé, Jo ! Assez. Je peux pas resp...

MAMAN

Jovaughn, fais attention à mon bébé. *(riant)*

JAMES

Oui, Jo. Attention. Je suis le trésor de ma maman. Ha, ha !

JOVAUGHN

Comment vous allez tous ? Regardez tous ces gens !

PAPA

C'est inspirant de voir tant de gens de tous les groupes ethniques ici, qui manifestent contre les événements récents et en particulier contre le traitement des personnes de couleur.

EDDIE

(sarcastiquement) Vous pensez qu'on va voir des membres de la direction scolaire ? Ha !

JOVAUGHN

Ces gens ? Ils savent probablement même pas qu'il y a une manif.

EDDIE

C'est vrai. On va pas voir des gens de notre école ici.

JAMES

Mais ouais ! Là-bas … regardez. C'est mon ami Abubakar. Je vais lui dire bonjour.

JAMES traverse la scène pour parler à son ami.

MAMAN

Les discours vont commencer. Écoutons.

Tout le monde sur la scène bouge un peu pour pouvoir suivre le discours « présenté » (préenregistré). PAPA prend la main de MAMAN. EDDIE et JOVAUGHN écoutent les discours attentivement et avec intensité.

Les discours continuent, mais le volume baisse, donc on peut entendre la conversation entre PAPA et EDDIE.

PAPA

Eddie, qu'est-ce que tu penses de la manif ?

EDDIE

À mon avis, c'est crucial d'être ici. Je pense à la maxime[63] « Il sera beaucoup demandé à ceux qui ont beaucoup reçu. » j'ai beaucoup reçu, et maintenant c'est à mon tour de faire une différence.

PAPA

J'aime ta façon de penser. Qu'est-ce que tu veux faire ?

EDDIE

Hier soir, j'ai regardé sur internet comment créer un groupe « Black Lives Matter » à l'école.

---

[63] maxime : saying.

On a pas beaucoup de temps avant que je finisse le lycée, mais je voudrais essayer d'en créer un maintenant.

PAPA

C'est une excellente idée, Eddie. Comment est-ce que je peux t'aider ?

EDDIE

(souriant) Merci, papa. Je sais pas encore, mais quand je le saurai, je t'en parlerai, d'accord ?

PAPA

Avec plaisir. Dis-moi ce que tu veux.

EDDIE

Merci papa. Vraiment. Merci.

Le volume des discours monte alors qu'EDDIE et PAPA se tournent pour écouter. Suivant les instructions de la personne qui fait le discours, tout le monde commence à crier « La vie des Noirs compte, la vie des Noirs compte », jusqu'à ce que les lumières s'éteignent.

Scène 3

La salle de classe de M. LeBLANC ; un jour en mai, après la classe. Quelques semaines avant la fin de l'année scolaire.

EDDIE est le dernier élève dans la salle de classe et il semble stressé, déprimé et sans motivation.

M. LeBLANC

Hum, Eddie. Est-ce qu'on a une réunion ?

EDDIE

Euh ? Quoi ?

M. LeBLANC

J'ai dit « Est-ce qu'on a une réunion ? »

EDDIE

Oh, euh, non. Je suis ici parce que...

M. LeBLANC

Peut-être qu'on devrait avoir une réunion ?

EDDIE

Pas nécessaire. Je suis ici parce que je voulais un endroit pour réfléchir.

M. LeBLANC

Réfléchir à quoi ? Au fait que tu rates[64] mon cours ?

EDDIE

Non, M. LeBLANC, au fait que la direction et d'autres adultes de cette école sont racistes.

M. LeBLANC

(choqué et un peu défensivement) De quoi parles-tu ?

EDDIE

Ils ont rejeté mon idée de créer un groupe « Black Lives Matter ».

M. LeBLANC

Bien sûr qu'ils l'ont rejetée. Ça ne concerne pas la grande majorité des élèves de l'école. Un groupe comme ça n'est pas nécessaire ici.

EDDIE

Avec tout mon respect, monsieur, vous avez tort ; vous ne savez pas ce que vous dites, mais ça ne vaut pas la peine de vous l'expliquer. Merci de m'avoir laissé utiliser votre salle de classe.

---

[64] rates : fail.

EDDIE se lève et prend son sac à dos pour partir.

M. LeBLANC

Eddie, tu sais que tu es en train de rater mon cours ?

EDDIE

Je sais. J'ai vu mes notes.

M. LeBLANC

Ou ton manque de notes.

EDDIE

Bien sûr. Je vous dois beaucoup de devoirs. Je sais.

M. LeBLANC

Tu sais que les universités qui t'ont accepté peuvent annuler leurs offres, n'est-ce pas ?

EDDIE

Monsieur, une fois encore, avec tout mon respect, bien sûr que je le sais. C'est ce que tous les profs de terminales répètent tous les deux jours, ou même tous les jours.

M. LeBLANC

Alors, quand est-ce que tu vas me donner tes devoirs ? Est-ce que tu as lu les livres ?

EDDIE

Je les ai lus.

M. LeBLANC

Alors fais les devoirs.

EDDIE se fâche.

EDDIE

Je vais les faire. Vous savez que ce semestre - enfin cette année - a été difficile...

M. LeBLANC

(ignorant la signification du commentaire d'EDDIE) Tu as presque fini. La semaine prochaine, il y a les examens d'AP et trois semaines plus tard, c'est la remise des diplômes. Au fait...

EDDIE lance un regard noir à M. LeBLANC qui n'y prête pas attention.

M. LeBLANC

Tu sais qu'en tant que président de l'école, tu dois faire un discours à la remise des diplômes, mais je sais pas si je t'ai dit que je dois approuver ton texte avant la cérémonie.

EDDIE

(ennuyé) Non. Vous ne m'avez rien dit. *(à voix basse)* Comme toujours.

M. LeBLANC

(distrait) Qu'est-ce que tu as dit ? Je ne t'ai pas entendu.

EDDIE

Rien. Mais pourquoi est-ce que vous devez approuver mon texte ?

M. LeBLANC

La direction veut... attends, je vais chercher l'email qu'ils m'ont envoyé. Tu ne l'as pas reçu ?

EDDIE

Non. *(fâché)* C'est la première fois que j'entends cette information. Ça aurait été mieux de l'avoir avant. Quand est-ce qu'ils vous ont envoyé l'email ?

M. LeBLANC

(distrait) Le voilà ... « tous les élèves qui font un discours doivent le donner à la direction au moins une semaine à l'avance pour le faire approuver.

Il est important que le message des élèves coïncide avec le message global de l'école et que personne ne soit offensé. »

EDDIE

Alors pourquoi est-ce que je dois écrire un discours ? La direction devrait l'écrire et je peux simplement le lire.

M. LeBLANC

Leurs mots ne sont pas les tiens et vice versa.

EDDIE

S'ils vont me censurer…

M. LeBLANC

C'est pas de la censure, Eddie. Il y a eu des problèmes dans le passé.

EDDIE

Avec les discours pour la remise des diplômes dans ce village ? Comment ça ? Tout le monde marche, parle et respire de la même manière.

M. LeBLANC

Ça n'est pas arrivé ici, mais dans d'autres villes de l'état.

EDDIE

Donc parce qu'il y a eu des problèmes dans d'autres villes, on doit faire approuver nos discours par la direction ? Et le Premier Amendement alors ?

M. LeBLANC

(ignorant les questions d'EDDIE) C'est comme ça. Il me faudra une copie de ton discours dans deux semaines.

EDDIE

Une fois encore, je me pose des questions sur le Premier Amendement ? Cette pratique ressemble à celle d'un état policier.

M. LeBLANC

N'exagère pas. Fais ce que tu as à faire pour obtenir ton diplôme sans problèmes. Et fais aussi ton travail ou tu ne recevras pas ton diplôme.

M. LeBLANC prend toutes ses affaires et quitte la scène, laissant EDDIE seul, fâché et perplexe. Le rideau se ferme.

Scène 4

Dans le corridor de l'école, une semaine avant la remise des diplômes.

EDDIE range son casier, enlevant toutes les affaires dont il n'aura plus besoin. Il y a une poubelle pas loin et il y jette tout. JOVAUGHN s'approche d'EDDIE et les deux amis commencent à parler.

JOVAUGHN

Eddie, mec. *(le saluant de sa façon habituelle)* Quoi de neuf ?

EDDIE

Jo, salut. Tout va bien. Et toi ?

JOVAUGHN

Ça va. Je me réjouis que cette année finisse. Comment ça fait de vider[65] ton casier pour la dernière fois ?

EDDIE

Je déteste nettoyer[66], mais tout jeter, ça fait du bien. J'ai super hâte de quitter cet enfer raciste.

---

[65] vider : to empty.
[66] nettoyer : to clean.

JOVAUGHN

Moi aussi. Je ne veux plus jamais revoir cette école...

EDDIE

T'as de la chance. Tu as le choix de ne jamais revenir dans ce village parce que ta famille habite en ville. Tu n'étais que de passage.

JOVAUGHN

En effet. Je suis seulement venu ici pour l'école...

EDDIE

Vivre ici 365 jours par année, c'est trop. Quelquefois, c'est comme si je jouais un rôle de télé-réalité. Dans une émission[67] comme « Être Noir dans un village plein de Blancs ». C'est dommage que cette émission n'existe pas... Tu regrettes d'être venu à l'école ici, Jo ?

JOVAUGHN

Je sais pas, Eddie. Tu sais, les grandes écoles en ville sont pas nécessairement super non plus, donc je suis content d'être allé dans une plus petite école. Mon travail se démarque[68] plus ici, avec moins d'élèves, mais je pense avoir un peu

---

[67] émission : TV show.
[68] se démarque : stands out.

perdu de mon identité en étant pas avec d'autres élèves de couleur.

EDDIE

Bien sûr.

JOVAUGHN

Tu comprendras mieux dans quelques mois quand tu iras à l'université. Et être avec d'autres personnes de couleur qui ont des intérêts semblables ? Tu te sens pas différent quand tu viens chez moi ?

EDDIE

Être avec des gens qui m'aiment ou être avec une famille noire? Je sais pas. Je sais vraiment pas.

JOVAUGHN

Quand tu viens chez moi ce week-end, penses-y. J'espère que tu auras la même expérience à l'université, et qu'il y aura plus de gens de groupes ethniques divers.

EDDIE

J'espère, mais d'abord, faut que je supporte une autre semaine. Jouer le jeu.

JOVAUGHN

De quoi tu parles ?

EDDIE

Je t'ai parlé du discours de la remise de diplômes, non ? Et du fait que je dois le remettre à la direction demain pour qu'ils l'approuvent ?

JOVAUGHN

Pourquoi ?

EDDIE

Soi-disant[69] pour vérifier qu'il n'y ait rien d'offensant.

JOVAUGHN

Premièrement, comment est-ce que tu vas offenser qui que ce soit ? En étant honnête ?

EDDIE

C'est la première fois qu'une personne de couleur fait le discours à la remise de diplômes.

JOVAUGHN

Et si tu es honnête, ils vont pas vouloir entendre ce que tu as à dire ? Ou ils vont pas...

EDDIE

Ils vont pas vouloir changer les choses dans ce village. Ils aiment pas le changement.

---

[69] soi-disant : supposedly.

JOVAUGHN

Quel genre de changement ?

EDDIE

Rendre la ville plus diversifiée, j'imagine...

JOVAUGHN

C'est des conn—...

EDDIE

Je sais, Jo. Je sais. C'est pour ça que j'ai une idée. Une idée qui va me permettre de dire ce que je veux.

JOVAUGHN

Mais ils vont jamais te permettre de parler de ce que tu veux. Ils aiment avoir le contrôle. Qu'est-ce que tu penses faire ?

EDDIE regarde son ami et murmure son idée à son oreille. EDDIE sait qu'il a une excellente idée et JOVAUGHN réagit en indiquant qu'il approuve l'idée de son meilleur ami.

JOVAUGHN

Eddie, c'est pour ça que cette université chic a accepté ton cul[70]. Tu es un génie. Je me réjouis de voir la réaction des gens...

Le rideau se ferme et la scène prend fin.

---

[70] cul : ass.

Scène 5

La cuisine d'une maison de taille moyenne, dans un état du nord-est des États-Unis ; le soir.

MAMAN et PAPA sont seuls et rangent la cuisine après le dîner. Le téléphone de PAPA sonne et il le sort de sa poche pour voir qui appelle.

MAMAN

(souriant) Au moins, il a pas sonné pendant le dîner, hein ? C'est qui ?

PAPA

Je sais pas. Je reconnais pas le numéro… *(prenant l'appel)* Allô ? Oui, c'est Barry Meyer.

MAMAN continue à nettoyer la cuisine tout en écoutant la conversation.

PAPA

Oh, oui. Oui, monsieur. Merci de me rappeler. *(couvrant le téléphone et murmurant)* C'est le directeur de l'école.

MAMAN le regarde, perplexe. Et elle arrête ce qu'elle fait.

PAPA

Non, monsieur. Pour dire vrai, je ne comprends PAS pourquoi Eddie ne peut pas former un groupe « Black Lives Matter » à l'école.

PAPA écoute.

PAPA

Qu'est-ce que ça fait qu'il reste seulement quelques jours avant la fin de l'année scolaire ? Eddie a pensé que ce serait une bonne idée d'avoir un groupe comme ça à l'école pour tout le monde, pas juste les élèves noirs. Et je suis d'accord avec mon fils.

PAPA écoute.

PAPA

Permettez-moi de finir, monsieur. Avoir un groupe « Black Lives Matter » à l'école ne servirait à exclure personne. Et ça ne servirait pas à la ségrégation. Tous ceux qui veulent participer le peuvent. En plus, ça serait bien pour la majorité des élèves de pouvoir écouter et comprendre les expériences des autres élèves qui font partie de la minorité.

PAPA écoute.

PAPA

Quoi ? *(se fâchant)* Vous devez soumettre cette idée à la prochaine réunion de la commission scolaire ? Impossible. Le club d'échecs et le club de danse doivent être approuvés par le même comité ?

(PAPA écoute. MAMAN écoute aussi)

PAPA

Avec tout mon respect, monsieur. Votre décision semble se baser sur le fait que le groupe qu'Eddie veut former a à voir avec les groupes ethniques. Et vous prenez une décision qui ...

PAPA écoute et se fâche, mais il garde son calme avant de continuer à parler.

PAPA

Bon, vous savez, en tant que père d'Eddie et James, et en tant que père qui s'inquiète pour les jeunes, je ne suis absolument pas d'accord avec votre décision. Vous manquez de bon sens. Merci et au revoir.

PAPA appuye sur le bouton pour finir l'appel. Il soupire de colère.

MAMAN

Assieds-toi, Barry. Dis-moi tout.

PAPA

Fils de ...

MAMAN

Fils de ... quoi ?

PAPA regarde curieusement MAMAN qui a failli utiliser[71] un gros mot[72].

PAPA

Il y a quelques semaines, Eddie est allé parler à la direction au sujet d'un nouveau groupe qu'il voulait former à l'école.

MAMAN

Oui, je me souviens. Il a décidé de faire ça après les manifs. Mais je n'ai jamais su ce qui s'était passé.

PAPA

Bon, maintenant tu sais qu'ils ont rejeté son idée parce qu' « il n'y a pas assez de temps avant la

---

[71] a failli utiliser : almost used.
[72] gros mot : bad word.

fin de l'année ». *(faisant des guillemets avec ses doigts)*

MAMAN

Eddie n'a jamais rien dit.

PAPA

Non. Il t'a rien dit parce qu'il voulait pas que tu ailles parler au directeur.

MAMAN

Mais Eddie t'a permis de l'appeler ?

PAPA

Pas exactement. J'ai pas pu me taire. J'admets que je ne comprenais pas bien la situation avant, et je ne pourrai jamais vraiment comprendre ce que c'est que d'être une personne de couleur, mais ...

MAMAN

Tu as pensé que le directeur allait t'écouter ? Parce que tu es un homme ? Parce que tu es blanc ?

PAPA

Tu sais quoi ? C'est pas ça. Je savais pas si le directeur allait changer de décision au sujet du groupe « Black Lives Matter », mais je devais dire à ce gars que les vies noires qui sont les plus importantes pour moi sont celles de mes fils et que je les soutiens...

PAPA semble très fatigué.

MAMAN

Barry... Merci. Merci d'avoir appelé l'école. Et merci d'aimer autant nos enfants. Vivre dans ce village est difficile pour nous et c'est difficile pour toi aussi j'imagine.

PAPA

Il y a tant de gens qui sont ...

MAMAN

Des cons ?

PAPA

Gloria, ton langage ! *(riant)* ! Ha, ha ! Mais oui, il y a beaucoup de cons.

MAMAN

Barry, le fait est qu'on peut pas résoudre tous les problèmes d'Eddie et James pour le reste de leur vie. Mais ce qu'on peut faire, c'est les soutenir et les écouter. On vit dans un monde où le racisme existe encore, mais on peut continuer à éduquer les gens en étant simplement nous-mêmes, n'est-ce pas ?

PAPA

(prenant la main de MAMAN) Oui mon amour. On doit penser à ce qu'on peut faire pour aider les jeunes et pour ouvrir les yeux des gens de ce village.

MAMAN

Peut-être qu'Eddie va parler de ça dans son discours. Est-ce qu'il te l'a montré ?

PAPA

Non. Est-ce qu'il te l'a montré ?

MAMAN

Non. Mais il m'a dit que son discours doit être approuvé par la direction.

PAPA

Il m'a dit la même chose.

MAMAN

Tu penses qu'on devrait lui demander de nous montrer son discours ? Je veux pas qu'Eddie dise quelque chose d'offensif - ou quelque chose qui pourrait être mal compris - et qu'il ne reçoive pas son diplôme.

PAPA

T'inquiète pas. Je crois en notre fils. Il écrit bien et il est très intelligent. Il va pas prendre de risques ce jour-là.

MAMAN

J'espère que tu as raison. Qu'est-ce que tu penses ? Est- ce qu'on devrait finir de faire la vaisselle ?

PAPA

Avec plaisir. Et Gloria..., tu vas continuer à utiliser des gros mots ? Tu me fais rire.

MAMAN

Ha, ha, ha. Non. Et ne dis rien à Eddie ou James.

PAPA

(flirtant et riant) Oh, non ? Pourquoi pas ? Qu'est-ce que tu vas me faire ?

MAMAN

Je vais te frapper avec ce torchon.

MAMAN et PAPA continuent à « se bagarrer[73] » pendant que le rideau se baisse.

---

[73] se bagarrer : fighting.

Scène 6

Dans le petit stade de l'école ; jour de la remise des diplômes.

L'écran apparaît au fond de la scène et projette la cérémonie pour tout le monde, jusqu'aux derniers rangs.

D'un côté de la scène sont assis les membres de la direction. De l'autre, EDDIE est debout avec M. LeBLANC. JAMES et ABUBAKAR sont à l'arrière et s'occupent de la projection de la cérémonie sur YouTube.

Tous les diplômés sont assis dans le public avec leurs parents, leur famille etc. EDDIE attend son tour pour faire son discours, pendant que tout le monde attend que la cérémonie commence. EDDIE et M. LeBLANC discutent.

M. LeBLANC
Eddie, félicitations pour ton succès. C'est formidable que tu aies pu finir les devoirs pour mon cours.

EDDIE

Vous ne deviez pas me donner une si mauvaise note. Vous savez que le travail méritait mieux. Mais merci quand même.

M. LeBLANC

C'est vrai que ton travail écrit est le meilleur que j'ai jamais lu dans ma carrière de prof. Une fois encore, félicitations, mais il y a des règles qui disent que le travail doit être rendu à temps.

EDDIE

Peut-être qu'il y a des règles, mais dans ce cas, elles devraient s'appliquer à tout le monde ; même Julianna m'a dit qu'elle a aussi rendu son travail en retard. Mais ses notes n'en ont pas souffert.

M. LeBLANC

Les circonstances étaient différentes. *(changeant de sujet)* Bon, ce discours est excellent, le meilleur que tu aies jamais écrit. Je suis vraiment content de toi. Tu mentionnes tout ce qui est bien dans ce village. Le public va adorer.

EDDIE

Oh, vraiment ? Vous n'avez pas pensé qu'il était un peu trop barbant ? Moi, je le trouve un peu pâle. Le discours manque de couleur. Par rapport à la couleur de ma peau...

M. LeBLANC

(Sans comprendre) C'est exactement le message que le village a besoin d'entendre : il faut se souvenir d'où on vient et atteindre ses buts[74] sans considérer les difficultés. *(fait une pause)* J'ai laissé une copie du discours là, sur la table.

EDDIE

Merci. C'était difficile de l'écrire sachant qu'il devait être approuvé.

M. LeBLANC

Ils vont commencer.

Le DIRECTEUR se lève pour commencer la cérémonie.

LE DIRECTEUR

Bon après-midi, tout le monde : membre de la direction, commission scolaire, parents, familles et diplômés. Merci d'être avec nous en cette superbe journée, pour célébrer les accomplissements, les succès de ces élèves.

---

[74] atteindre ses buts : reach one's goals.

Avant de commencer le programme, veuillez vous lever pour l'hymne national.

Pendant l'hymne national, JOVAUGHN, qui est assis dans le public, échange un regard avec EDDIE et lui fait un signe au sujet du discours qu'EDDIE va faire. Pour la première fois, EDDIE semble ne pas être bien dans sa peau. EDDIE regarde aussi JAMES pour s'assurer que tout est prêt.

LE DIRECTEUR

Merci aux chanteurs très talentueux pour leur interprétation de l'hymne national. Le premier discours cet après-midi va être donné par Edward G. Meyer, membre des terminales et président de l'école cette année. Veuillez accueillir chaleureusement M. Meyer.

Faisant face au public très fièrement, EDDIE baisse la fermeture éclair[75] de sa robe de terminale pour montrer à tout le monde le T-shirt qu'il porte et qui dit : « JE NE PEUX PAS RESPIRER ». Confiant, il se dirige vers le devant de l'estrade[76] et commence à parler.

---

[75] fermeture éclair : zipper.
[76] l'estrade : podium.

(prenant le discours de la table, EDDIE se concentre en s'adressant directement au public) Bon après-midi et merci d'être venus célébrer les diplômés de 2021, la 105e promotion diplômée de cette école. Je veux remercier tous les membres de la direction, la commission scolaire, les familles et amis, et les diplômés de 2021.

EDDIE s'arrête et regarde le public.

EDDIE

Vous savez quoi ? J'ai passé beaucoup de temps à écrire ce discours *(le montrant au public)* pour qu'il puisse être approuvé. J'ai inclus des réflexions sur la fin d'un chapitre de nos vies et sur le début d'un autre. J'ai écrit des choses sur l'école et sur la façon dont nous avons fait face à tant de défis comme la crise à la frontière entre les États-Unis et le Mexique et les horribles feux de forêt dans les états de l'ouest de notre pays. Mais la vérité, c'est que ces événements ne sont pas NOS événements. Ce sont des choses qui sont arrivées pendant qu'on était élèves dans cette école.

M. LeBLANC semble un peu mal à l'aise parce qu'EDDIE ne respecte pas le script et ne lit pas le discours qu'il a préparé. Il regarde nerveusement les membres de la direction qui semblent aussi mal à l'aise.

EDDIE

Nous avons vécu ces événements, mais nous n'en avons jamais parlé de façon significative pour changer les choses dans le monde, dans notre village et pour nous-mêmes. Dans les derniers mois, nous avons vécu l'ouverture d'une blessure qui saigne[77] depuis des siècles : le racisme.

Pour continuer à avancer en tant qu'individus, en tant que village et en tant qu'humains, nous devons prendre des décisions qui sont compatissantes et honnêtes, mais compatissantes d'abord.

Les adultes sur scène - tous blancs - se tortillent sur leur siège[78], complètement mal à l'aise.

EDDIE

Nous ne pouvons pas ignorer la division entre race et culture. Nous devons prendre conscience de cette réalité et avoir de nouvelles discussions. Ça va être difficile, mais nous avons atteint des

---

[77] blessure qui saigne : wound that bleeds.
[78] se tortillent sur leur siège : squirm in their seats.

buts difficiles dans le passé. Et non, je ne veux pas parler des examens que nous avons réussis ou des championnats que nous avons gagnés. Non, je parle des triomphes personnels qui étaient pour la plupart privés. Nous avons tous été victimes d'intimidation quand d'autres nous ont traités de racistes ou ont utilisé des insultes homophobes, par exemple.

Certains d'entre nous souffrent de dépression, un problème médical, nous avons souffert de violence domestique, de toxicomanie, ou de l'absence d'un parent. Mais nous avons survécu. Ce n'est pas en faisant partie d'un certain groupe que nous avons survécu. Nous n'avons pas survécu en réussissant un examen. Nous avons survécu pour arriver à aujourd'hui.

Les adultes écoutent et les élèves aussi. Puis les photos des gens tués par la police apparaissent sur l'écran.

EDDIE

Nous devons être compatissants envers TOUS les humains, et en particulier envers les personnes de couleur. Regardez ces gens. *(montrant du doigt les visages qui apparaissent sur l'écran)*

Deux membres de la direction se regardent, se lèvent et s'approchent d'EDDIE pour le confronter.

LE DIRECTEUR
(parlant à EDDIE mais on entend sa voix grâce au micro) Ce n'est pas le discours que nous avons approuvé.

EDDIE
Non, monsieur. Mais c'est ce qu'il y a dans mon cœur et c'est le discours que je veux donner.

LE DIRECTEUR
(couvrant le micro, sans succès) Ce discours est extrêmement politique, et nous ne pouvons pas te permettre de continuer.

Le DIRECTEUR *s'approche du micro pour le débrancher. Les élèves commencent à crier parce qu'ils veulent entendre ce qu'EDDIE a à dire. JOVAUGHN commence à chanter « Laissez-le parler, laissez-le parler ! »*

Le DIRECTEUR *débranche le micro. Mais les élèves savent que le discours est sur YouTube, et tout le monde sort son téléphone et continue à l'écouter.*

Regardez ces gens. Regardez-les vraiment. Je vous assure que mes mots ne sont pas politiques, ils sont humains.

EDDIE apparaît sur l'écran et continue à parler. Les gens écoutent sur leur téléphone mais regardent l'écran.

EDDIE

Ces gens - et ils ne sont qu'une représentation - sont d'abord des humains, et nous devons tous avoir de la compassion pour les autres, pour pouvoir créer une communauté, une vraie communauté. Nous devons accepter la diversité les bras ouverts. La diversité de pensée nourrira nos cerveaux et la diversité des individus nourrira nos âmes.

Souvenons-nous de la diversité des élèves de la classe de 2021 :

Julianna Russo est catholique.
Krystian Zielinski est d'origine polonaise.
Jovaughn Willis est noir et il est descendant d'esclaves africains.
Shante Hines est noire et d'origine antillaise.

Et il y a Will Richardson qui a appris par 23andme que son arrière-arrière grand-père était membre de la tribu Nipmuck. Il y a aussi Peter Franck qui a aussi découvert que sa famille a dû immigrer dans ce pays quand ses ancêtres juifs ont fui l'Allemagne.

WILL et PETER se regardent, choqués.

EDDIE
Et avec cette diversité de personnes, il y aura une diversité de pensée. Nous devons apprendre comment avoir les discussions qui nous permettront d'apprendre les uns des autres, pas juste pour convaincre les autres de nos opinions. Nous ne pouvons pas permettre à la peur de causer des divisions entre nous. Nous devons nous reconnaître et nous souvenir de la souffrance, de l'angoisse et de l'injustice qui ont créé ce pays et nous devons nous éduquer aussi bien que possible.

Comme Maya Angelou, poète et activiste afro-américaine l'a dit « Quand tu sais mieux, fais mieux. » Félicitations à tous nos diplômés aujourd'hui. Continuons tous à faire mieux. Merci.

Tout le monde dans le public se lève et applaudit EDDIE avec enthousiasme. Après quelque temps, les lumières s'éteignent.

FIN

GLOSSAIRE

A

à - to, at
abaisse - lowers
abandonner - to abandon
(d')abord - first of all
absence - absence
absolu - absolute
absolument - absolutely
accepte - accept
accepter - to accept
accepté - accepted
accidentel - accidental
accomplissements - accomplishments
(d')accord - okay
accueil - welcome
accueillir - to welcome
accéder - to access
activiste - activist
activités - activities
admets - admit
admission - admission
adolescent - adolescent
adore - adore
adorer - to adore
adressant - addressing
adulte(s) - adult(s)

affaires - things, stuff
affronter - to confront
africain(s) - African
afro-américaine - African American
âgés - old
agréable - agreeable
ai - have
aide - helps
aider - to help
aidez - help
aient - have
aies - have
ailles - go
aime - likes
aiment - like
aimer - to like
aimes - like
aimez - like
aimé - liked
air - air
(à l')aise - (at) ease
ait - have
aliments - food
allô - hello
allaient - were going
allait - was going
Allemagne - Germany
aller - to go
allez - go
allons - go

133

allons-y - let's go
allumant - lighting
allument - light
allé - gone
alors - so
amendement - amendment
amener - to bring
ami(s) - friend(s)
amour - love
amuse - have fun
améliorer - to improve
américain/e - American
amérindiens - AmerIndians
ancêtres - ancestors
anglais - English
angoisse - anguish
annoncés - announced
annuler - to cancel
année(s) - year(s)
ans - years
antillaise - Caribbean
anxiété - anxiety
apparaît - appears
apparaissent - appear
apparemment - apparently
appel - call
appeler - to call
appelle - call/s
appellent - call

appelé - called
applaudit - applauds
appli - app
appliquer - to apply
apporte - brings
apporter - to bring
apprendre - to learn
apprennes - learn
appris - learned
approche - approach
approchent - approach
approuve - approves
approuvent - approve
approuver - to approve
approuvé(s) - approved
appuie - press
appuye - press
après - after
après-midi - afternoon
aptitudes - aptitudes
arbre - tree
(s')arrête - stops
arrêtes - stop
arrière - back
arrive - arrives
arrivent - arrive
arriver - to arrive
arrivé/e(s) - arrived
arrogant - arrogant
as - have
assassiné/es - killed

assez - enough
assied - sits down
assieds - sit down
assiettes - plates
assis - sat
assure - ensures
assurer - to ensure
athlète(s) - athlete(s)
atmosphère - atmosphere
atteindre - to reach
atteint - hit
attend - waits
attendent - wait
attendez - wait
attendre - to wait
attends - wait
attention - attention
attentivement - attentively
attitude - attitude
attrapant - grabbing
au(x) - to/at the
aucun/e - no, none
aujourd'hui - today
aura - will have
aurait - would have
auras - will have
aussi - also
autant - as much
auteur - author
automatiquement - automatically
autour - around
autre(s) - other

avais - had
avait - had
avance - advances
avancer - to advance
avancée - advanced
avant - before
avec - with
avez - have
avis - opinion
avoir - to have
avons - have
ayant - having

B

badge - badge
bagarrer - to fight
baiser - to kiss
baisse - lowers
ballons - balls
banane - banana
barbant - boring
base-ball - baseball
baser - to base
basique - basic
basket - basketball
basse - low
bavardant - chatting
bavardé - chatted
beau - beautiful
beaucoup - much, a lot
bébé - baby
belle - beautiful
ben - well

135

bénéfice - profit
(avoir) besoin - to need
beurk - yuck
bien - well
bientôt - soon
blanc/he(s) - white
blessure - injury
boit - drinks
bon/ne(s) - good
bonjour - hello
bonsoir - good evening
bouchon - (bottle) cap
bouge - move
bouteille - bottle
bouton - button (keyfob)/ key (cellphone)
bras - arms
bravo - congrats
bruit - noise
brutalité - brutality
bureau - office
bus - bus
buts - goals

C

c'/ça/ce - this
café - coffee
cahiers - notebooks
calculer - to calculate
calculette - calculator

calendrier - calendar
câlin - hug
calme - calm
camarade(s) - teammate(s)
campagne - campaign
candidat/e(s) - candidate(s)
cantine - cafeteria
capitaine(s) - captain(s)
carrière - career
cas - case
casier - locker
catholique - Catholic
cause - causes
causer - to cause
ce - this
célébrer - to celebrate
celle - that
celles - those
celui - the one
censure - censors
censurer - to censor
censé - supposed
centre - center
cérémonie - ceremony
certain(s) - certain
certainement - certainly
cerveaux - brain
ces - these, those

cet/te - this
ceux - these, those
chaleureusement - warmly
chamaille - bickering
chambre - bedroom
championnats - championship
chance - luck
change - changes
changeant - changing
changement(s) - change(s)
changer - to change
changé - changed
chanter - to sing
chanteurs - singers
chaque - each
chaud - hot
chemin - path
chemise - shirt
cherche - looks for
chercher - to look for
chers - dear
chez - at the home of
chic - chic
choisir - to choose
choix - choice
choqué(s) - shocked
chose(s) - thing(s)
chouette - good, fun
chéri/e - dear
ciel - sky
circonstances - circumstances

circulation - circulation
civilisée - civilized
civique - civic
clair - clear
clairement - clearly
claquant - snapping
classe(s) - class(es)
classique - classic
clef(s) - key(s)
clés - keys
cloche - bell
clown - clown
club(s) - club(s)
coach - coach
(en) colère - angry
coïncide - coincide
coïncidence - coincidence
collège - middle school
colonne(s) - column(s)
combien - how many, much
comité - committee
comme - like, as
commence - begins
commencent - begin
commencer - to begin
comment - how
commentaire(s) - commentary(ies)
commission - commission

137

communauté - community
communique - communicates
compassion - compassion
compatissant/e(s) - compassionate
complètement - completely
comportement - behavior
composition - composition
comprenais - understood
comprenant - understanding
comprend - understands
comprendras - will understand
comprendre - to understand
comprends - understand
compris - understood
compte - counts
compter - to count
comptera - will count
comptés - counted
concentre - concentrates
concentrer - to concentrate

concepts - concepts
concerne - concern
confiance - trust
confiant - confident
conflits - conflicts
confortable - comfortable
confronter - to confront
connais - know
(faire) connaissance - to meet
connaisse - know
connards - jackasses
cons - jackasses
(prendre) conscience - to realize
consciencieux - conscientious
conscient - aware
conseil - advice
considèrent - consider
considérant - considering
considérer - to consider
constamment - constantly
content - happy
continents - continents
continue - continue/s
continuent - continue

138

continuer - to
    continue
continuons - continue
contrôle - control
contre - against
contredire - to
    contradict
convaincre - to
    convince
conversation -
    conversation
copain - friend
copie - copy
corps - body
correcte - correct
corridor - corridor
corriger - to correct
cou - neck
couleur - color
coulisses - backstage
coup (de poing) -
    punch
coup (de téléphone) -
    phone call
(au) courant - in the
    know, aware
courir - to run
cours - class
court - runs
couvrant - covering
crée - create
créer - to create
créé - created
criant - yelling
crie - yells

crient - yell
crier - to yell
crise - crisis
critiquer - to criticize
croire - to believe
crois - believe
crosse - lacrosse
croyances - beliefs
crucial - crucial
cuisine - kitchen
cuisiner - to cook
cul - ass
culture - culture
curieusement -
    curiously
curiosité - curiosity
CV - curriculum
    vitae,resume

D

d' - of, from
dans - in
danse - dances
de - of, from
debout - upright
débranche - unplug
débrancher - to
    unplug
(au) début - at first
(sans) déc - you're
    not kidding
décidé - decided
décision(s) -
    decision(s)

139

découvert - discovered
dedans - inside
défensive - defensive
défensivement - defensively
défis - challenges
déjà - already
déjeuner - lunch
demain - tomorrow
demande - asks
demander - to ask
demandes - ask
demandé - asked
démarque - stands out
dépression - depression
déprimé - depressed
depuis - from, for (+ time frame)
dérange - disturbs
dernière - last
dernier(s) - last
derrière - behind
des - of, from
désagréable - unpleasant
désastre - disaster
descendant - descendent
désolé - sorry
déteste - hated
détruire - to destroy
deux - two

deuxième - second
devais - had to
devait - had to
devant - before
développer - to develop
devenir - to become
déverrouiller - to unlock
devez - must
devient - become
deviez - had to
devoir - must
devoirs - homework
devons - have to
devraient - should
devrais - should
devrait - should
devront - will have to
dieu - god
difficile(s) - difficult
difficultés - difficulties
différemment - differently
différence(s) - difference(s)
différent/e(s) - different
dîner - dinner
diplôme - diploma
diplômée - graduated
dirait - would say
dire - to say, tell

140

directement - directly
directeur - director
direction - direction
dirige - directs
diriger - to direct
dis - say
disais - was saying
disait - said
disant - saying
discours - speech
discussion(s) - discussion(s)
discute - discuss
discutent - discuss
discuter - to discuss
dise - say
disent - say
disputer - to argue
disputez - argue
distrait - distracted
dit - says
dites - say
divers - various
diversifiée - diversified
diversité - diversity
division(s) - division(s)
dix - ten
doigt(s) - finger(s)
dois - must
doit - must
doivent - must

domestique - domestic
domination - domination
dommage - shame
donc - so
donnant - giving
donne - gives
donner - to give
donnerai - will give
donné - given
dont - of which
dormir - to sleep
dorénavant - from now on
dos - back
douche - shower
doute - doubt
doué - gifted
dramatique - dramatic
du - of / from the
dur - hard

E

eau - water
échange - exchange
échecs - chess
éclair - flash
école(s) - school(s)
écoutant - listening
écoute - listen/s
écoutent - listen
écouter - to listen

écoutez - listen
écoutons - listen
écran - screen
écrire - to write
écrit - writes
écrivent - write
éducation - education
éduquer - to educate
effet - effect
effrontément -
    brazenly
élève(s) - student(s)
élection(s) - elections
éléphant - elephant
elle - she
elles - they
émission - (TV) show
email - email
embêtant - annoying
embêtée(s) - annoyed
embêtent - annoy
embêtez - annoy
embrassant - kissing
embrasse - kiss
emmène - take
emmener - to take
en - in
énormément -
    enormously
encore - again
endormi - asleep
endroit - place
endurance -
    endurance

enfant(s) - child(ren)
enfer - hell
enfin - finally
enlevant - removing
ennuyé - annoyed
ensemble - together
ensuite - next
entend - hears
entende - hear
entendre - to hear
entends - hear
entendu - heard
enthousiasme -
    enthusiasm
entier - entire
entourant -
    surrounding
entraînement -
    practice
entracte -
    intermission
entrant - entering
entre - between
entrée - entrance
envers - towards
envoûtante -
    haunting
envoyer - to send
envoyé - sent
épaule - shoulder
épuisement -
    exhaustion
équipe - team

équipement - equipment
erreur - error
es - are
esclave(s) - slave(s)
espère - hope
ESPN - sports TV channel
essayant - trying
essaye - try
essayer - to try
essayé - tried
essuie - towel
est - is
estomac - stomach
estrade - platform
et - and
étaient - were
étais - were
était - was
étant - being
état(s) - state(s)
etc - etcetera
éteignent - turn off
étendu - expanded
étouffer - to choke
études - studies
étudie - study
étudiez - study
été - summer/ been
ethniques - ethnic
eu - had
euh - uh
européen/ne(s) - European(s)

eux - them
évidemment - evidently
évidence - evidence
événement(s) - events
exactement - exactly
exagère - exaggerate
exagérant - exaggerating
examen(s) - exam(s)
exaspéré - exasperated
excellent/e - excellent
exclure - to exclude
excuse - excuse
exemple - example
existe - exists
expansion - expansion
expliquer - to explain
expression - expression
exprimer - to express
expérience(s) - experience(s)
extrêmement - extremely
extérieur - exterior

F
façon - way
fâché - angry
fabuleux - fabulous

face - face
facile - easy
(a) failli (utiliser) -
    almost used
faim - hunger
faire - to do, make
fais - do
faisait - was doing
faisant - doing
fait - does
faites - do
familiales - family
famille(s) - family(ies)
fantasmes - fantasy
fatigué - tired
faudra - will have to
il faut - it is necessary
félicitations -
    congratulations
femme - woman
fenêtre - window
ferme - close
fermeture (éclair) -
    zipper
fermé - closed
feux - fires
fier - proud
fière - proud
fièrement - proudly
fille - daughter
filles - girls
fils - son
fin - end
finalement - finally

fini - finished
finir - to finish
finisse(s) - finish
finissons - finish
finit - ends
flirtant - flirting
fois - time, instance
fond - bottom
font - do
foot - soccer
football - soccer
force - strength
former - to form
formidable -
    tremendous
fort - strong
fraîche - fresh
frappant - hitting
frappe - hit
frapper - to hit
frappé - hit
frère - brother
frérot - brother
frigo - refrigerator
froide - cold
frontière - border
frottant - rubbing
frustré - frustrated
fui - fled

G
gaffe - blunder, error
gagnants - winners
gagne - win/s

gagner - win
gagnes - win
gagné(s) - won
gars - guy(s)
garde - guard
garder - to guard
Gatorade - sports drink
génial - awesome
génie - genius
genre - gender
gens - people
gentil - kind
gentiment - kindly
géographiques - geographic
gérer - to manage
geste - gesture
global - global
goûter - to taste
golf - golf
goutte - drop
grâce a - thanks to
grand/e(s) - big
gratitude - gratitude, thanks
grave - serious
grill - grill
grognant - growling
gros - big
gros (mot(s)) - swear words
group/e(s) - group(s)
guillemets - quotation marks

gymnase - gym

H

habitant(s) - resident(s)
habite - lives
habitude - habit
habituel/le - habitual
hamburgers - hamburgers
hauteur - height
hé - hey
hein - eh
héritage - heritage
heure(s) - hour(s)
heureux - happy
hier - yesterday
histoire - history/story
homme - man
hommes - men
homophobes - homophobic
honnête - honest
honneur - honor
honteux - ashamed
horribles - horrible
humains - humans
humeur - humor
hymne national - national anthem

I

ici - here

145

identité - identity
idiot(s) - idiot(s)
idée(s) - idea(s)
ignorant - ignorant
ignorer - to ignore
ignorez - ignore
il - he
ils - they
image(s) - image(s)
imagine - imagine/s
imbécile(s) - imbecil(s)
imitant - imitating
immense - immense
immigrer - to immigrate
immédiatement - immediately
impact - impact
implications - implications
impliqués - involved
importance - importance
important/es - important
impossible - impossible
improbable - improbable
inclus - included
incroyable(s) - incredible
indigènes - indigenous
indiquant - indicating

individus - individual
inférieurs - inferior
information(s) - information
informatique - computer science
infos - information
injustice - injustice
inquiète - worried
inquiet - worried
inspirant - inspiring
instant - instant
instructions - instrutions
insulte(s) - insult(s)
intelligent/e - intelligent
intensité - intensity
intention - intention
intentionnel - intentional
interaction - interaction
internet - internet
interprétation - interpretation
intimidation - intimidation
intrigue - intrigue
intérêts - interests
intérieur - interior
iranienne - Iranian
iras - will go

J

j' - I
jamais - never
jambes - legs
je - I
jeter - to throw
jette - throws
jeu - game
jeune(s) - young
job - job
jouais - was playing
joue - play
jouer - to play
joues - play
joueurs - players
jouez - play
jour(s) - day
journaliste - journalist
journée - day
juifs - Jews
jusqu' - until
juste - fair
justement - fairly

L

l' - the
la - the
là-bas - there
laissant - leaving
laisse - leaves
laisses - leave
laissez - leave
laissé - left

lance - throws
langage - language
lave - wash
le - the
léger - light
lendemain - the following day
les - the
leur(s) - their
levant (les yeux au ciel) - rolling his eyes
lever - to get up
lien - link
ligue - league
lire - to read
lisant - reading
lisez - read
liste - list
lit - reads
livre(s) - book(s)
loi - law
loin - far
longtemps - a long time
lu(s) - read
lui - him
lumières - lights
lundi - Monday
lycée - high school

M

m'/me - me, to me
ma - my

mai - May
mail(s) - email(s)
main(s) - hand(s)
maintenant - now
mais - but
maison - house
majorité - majority
mal - bad
malheureux -
    unhappy
malin - clever
maman - mom
mange - eat/s
mangeant - eating
mangent - eat
manger - to eat
manges - eat
manière - manner,
    way
manif(s) - protest(s)
manifestant -
    protesting
manifestation -
    protest
manifestent -
    protest
manifester - to
    protest
manque - lack
manquez - miss
manteau - coat
manuellement -
    manually
marchait - walked
marche - walks

marchent - walk
marcher - to walk
marque - brand
massifs - massive
match - game
maths - math
matin(s) - morning(s)
mauvaise - bad
maxime - saying
me - me, to me
mec - guy, dude
médical - medical
meilleur/e(s) - better
membre(s) -
    member(s)
mentionnes - mention
mentionné -
    mentioned
mépris - contempt
merci - thank you
méritait - deserved
mes - my
message - message
messieurs - sirs
met - put
métis - biracial
mettre - to put
Mexique - Mexico
micro - microphone
micro-onde -
    microwave
mieux - better
mignonne - cute
million - million
minorité - minority

minute(s) - minute(s)
miracle - miracle
mis - put
moi - me
moins - less
mois - month
moitié - half
moment - moment
mon - my
monde - world
mondiale - world
monsieur - mister, sir
monte - rises
montrant - showing
montre - show/s
montrer - to show
montrerai - will show
montré - showed
mort(s) - dead
mot(s) - word(s)
motivation(s) -
   motivation(s)
mouillée - wet
mouvement -
   movement
moyen/ne - average
murmurant -
   whispering
murmure - to whisper
musique - music

N
n'/ne - not
natation - swimming

national - national
nations - nations
ne - not
nécessaire(s) -
   necessary
nécessairement -
   necessarily
neige - snow
nerveusement -
   nervously
nerveux - nervous
nettoyer - to clean
neuf - nine
nez - nose
ni - neither/ nor
niveau - level
noir/e(s) - black
nom(s) - name(s)
nombre - number
nombreux - many
non - no
nord - north
normalement -
   normally
nos - our
note(s) - grade(s)
notre - our
nôtres - ours
nourrira - will feed
nourriture - food
nous - we
nouveau - new
nouvel/le(s) - new
novembre -
   November

numéro - number

O

obtenir - to get
occasion - occasion
occupent - occupy
occupée - occupied
octobre - October
offensant - offensive
offenser - to offend
offensif - offensive
offensé - offended
offerts - offered
officier - officer
offres - offers
on - we
onde - wave
ont - have
opinions - opinions
ordinateur - computer
oreille(s) - ear(s)
organisé(s) - organized
orient - east
origine - origine
ou - or
où - where
ouais - yeah
oublie - forgets
oubliez - forget
oublions - forget
ouest - west
oui - yes

ouvert/e(s) - open
ouverture - opening
ouvre - opens
ouvrir - to open

P

page(s) - page(s)
panneau - sign
panneaux - signs
pantalon - pants
papa - dad
par - by
paradis - heaven
parce que - because
pardonner - to forgive
parent(s) - parent(s)
parking - parking
parlait - spoke
parlant - speaking
parle - speaks
parlent - speak
parler - to speak
parlerai - will speak
parles - speak
parlez - speak
parlons - speak
parlé - spoke
pars - leave
part - leaves
parte - leave
participe - participate
participer - to participate

participé - participated
particulier - particular
partie - part
partir - to leave
pas - not
passage - passage
passe - pass
(se) passe - happens
passent - pass
passé - passed
patrimoine(s) - heritage
pause - break
pays - country
peau - skin
peine - sadness
pèlerins - pilgrims
pendant - during
pensais - thought
pense - think
penser - to think
penses - think
pensez - think
pensé/e(s) - thought
perdants - losers
perdu - lost
période - period
permets - allow
permettez - allow
permettre - to allow
permettront - will allow

permis - allowed/ (driver's) license
permission - permission
perplexe - puzzled
personnage(s) - character(s)
personne(s) - person(s)
personnelle - personal
personnels - personal
perspective(s) - perspective(s)
petit/e(s) - small
peu - a little
peur - fear

peut - can
peuvent - can
peux - can
phares - headlights
photo(s) - photo(s)
phrase - phrase
pichets - water containers
(se) pinçant - pinching
place - place/ seat
plaignant - complaining
plaignent - complain
plaint - complains
plaisante - kidding

plaisanterie - joke
plaisir - to please
(s'il te) plaît - please
(s'il vous) plaît -
    please
plat - dish
plein - full
plupart - mostly
plus - more
plusieurs - several
poche(s) - pocket(s)
poignée - handle
poing - fist
point(s) - point(s)
pointant - pointing
police - police
policière - police
policier - police

politicien - politician
politique(s) -
    political/ politics
polonaise - Polish
pommes - apples
portable - cell phone
porte - wears/ door
portefeuille - wallet
porter - to carry
portière - door
pose - asks
poser - to ask
poses - ask
possible - possible
poubelle - garbage
    can

pour - for
pourquoi - why
pourrai - will be able
pourrait - could
pouvais - could
pouvez - can
pouvoir - to be able
pouvons - can
pratique - practice
préenregistré -
    prerecorded
préféré - favorite
premier(s) - first
première - first
prenant - taking
prend - takes
prendre - to take
prends - take
prenez - take
prenne - take
prennes - take
prépare - prepare/s
préparent - prepare
préparer - to prepare
préparé - prepared
présentent - present
présenté/es -
    presented
présidence -
    presidency
président/e -
    president
presque - almost
pressée - in a hurry
prétend - pretends

prétendant - pretending
principal/e - main
principaux - main
printemps - spring
prise - plug
privilégiés - privileged
privés - deprived
prix - price
probablement - probably
problème(s) - problem(s)
prochain/e - next
procréé - procreate
prof(s) - teacher(s)
professeur - teacher
programme - program
projecteur - projector
projection - projection
projets - plans
projette - projects
promotion - graduation
prononcent - pronounce
prononciation - pronunciation
propre - clean
protéger - to protect
prudent - careful
pu - could

public - public
pues - stink
puis - then
puisse - may
puissent - may
pur/e - pure

Q

qu' - what
qualifications - qualifications
qualité - quality
quand - when
quatorze - fourteen
quatre - four
que - that
quel/le(s) - what
quelqu/e(s) - some
quelquefois - sometimes
question(s) - question(s)
qui - who
quiconque - anyone
quinze - fifteen
quitte - leaves
quittent - leave
quitter - to leave
quoi - what

R

race - race
racisme - racism
raciste(s) - racist

153

racontais - was telling
racontent - tell
raconter - to tell
racontée - told
radio - radio
raison - reason
ramène - brings back
ramenez - bring back
range - tidy
rangeant - tidying up
rangent - tidy up
rangs - ranks
rappeler - to remind
rapport - report
rapporter - to report
rares - rare
rater - to fail
rates - fail
réaction - reaction
réagit - reacts
réalisant - realizing
réalise - realize/s
réalité - reality
récents - recent
recette - recipe
recevoir - to receive
recevras - will receive
réchauffais - warmed up
réchauffée - warmed up
récipients - recipients
reçoive - receive/s

reconnaître - to recognize
reconnais - recognize
redis - says again
réelles - real
referai - will do again
réflexions - reflections
réfléchir - to think
réfléchis - think
regard - look
regardant - watching
regarde - watch
regardent - watch
regarder - to watch
regardes - watch
regardez - watch
regardé - watched
région(s) - region(s)
règle(s) - rule(s)
regrettes - regrets
rejeté/e - rejected
rejoindre - to join
(me) réjouis - look forward to
relations - relations
relit - rereads
remarquant - remarking
remarque - remarks
remercier - to thank
remettre - to hand in
remise (des diplômes)- graduation ceremony

remonter - to bring
   back up
rendu - handed in
rentrer - to return
rentré/e(s) - returned
répètent - repeat
repas - meal
répond - responds
répondre - to respond
réponse(s) -
   responses
répéter - to repeat
représentation -
   representation
résidents - residents
résolu - resolved
résoudre - to solve
respect - respect
respecte - respect
respire - breathes
respirer - to breathe
responsabilité -
   responsibility
ressemble - looks like
reste - stay
rester - to stay
résultats - results
retard - delay
retour - returning
retournant -
   returning
retourne - return/s
retrouve - find
réunion - meeting

réussis - succeed
réussissant - passing
revenir - to come
   back
revoir - to see again
riant - laughing
rideau - curtain
rien - nothing
rire - to laugh
risques - risks
rit - laughs
robe - dress
roi - king
roman - novel
route - way

S
s'/se - to her/himself
sa - his/his
sac - bag
sachant - knowing
saches - know
saigne - bleeds
sais - know
saisit - seizes
saison - season
sait - knows
salive - saliva
salle - room
saluant - greeting
saluer - to greet
salut - hi
sang - blood
sans - without

sarcastiquement - sarcastically
saurai - will know
savais - knew
savait - knew
savent - know
savez - know
saviez - knew
savoir - to know
sciences - sciences
scolaire(s) - school
script - script
second/e(s) - second(s)
(au) secours - help!
ségrégation - segregation
sélectionné - selected
semaine(s) - week(s)
semblables - similar
semble - seems
semblent - seem
semestre - semester
sens - sense/ feel
sent - feels
sentir - to feel
septembre - September
sera - will be
serai - would be
serait - would be
seras - will be
serrant (dans ses bras) - hugging

serrant (la main) - shaking (hands)
serre (la main) - shakes (hands)
serrent la main - shake (hands)
serrer la main - to shake (hands)
sérieusement - seriously
servie - served
serviette - napkin
servir - to serve
servirait - would serve
ses - his/her
seul/e(s) - only
seulement - only
si - if
sienne - his
signal - signal
signe - sign
signification - meaning
significative - significant
similaire - similar
simplement - simply
situation - situation
sociales - social
soi - self
soient - are
soir - evening
soirée - evening

sois - be
soit - is, be
(qui que ce) soit -
   anyone
solidarité - solidarity
sommes - are
son - his/her
sonne - rings
sonné - rang
sont - are
sors - leave
sort - leaves
sortant - leaving
sortent - leave
sortes - leave
sortir - to leave
souffert - suffered
souffrance - suffering
souffre - suffer/s
souffrent - suffer
souffrir - to suffer
soumettre - to submit
soupire - to sigh
souriant - smiling
soutenir - to support
soutiens - support
souvenir - to
   remember
souvenons -
   remember
souvent - often
souvienne -
   remember
souviens - remember

spectateurs -
   spectators
sport(s) - sport(s)
sportif - athletic
sportives - athletic
stade - stadium
steak - steak
stressé - stressed
stupide - stupid
stupidité - stupidity
su - known
succès - success
suffit - enough
suis - am
suivant - following
suivent - follow
suives - follow
suivre - to follow
sujet - subject
super - super
superbe - superb
supporte - bear
suppose - suppose
sur - on
surpris - surprised
surtout - above all
surveille - monitors
surveiller - to monitor
survis - survive
survécu - survived
sympa(s) - nice

T

t' - you, to you

157

ta - your
table - table
taille - size
taire - to shush
tais - shut up
talentueux - talented
tant - so much
tante - aunt
tapant - hitting
tape - hits
tard - late
tas - heap
tchao - ciao, bye
te - you, to you
team - team
techniques - techniques
téléphone(s) - phone(s)
télé-réalité - reality TV
tellement - so much
temps - time
température - temperature
tendant - giving
termes - terms
terminale(s) - senior(s)
terrain - field
terre - earth
territoire - territory
tes - your
texte - texts

texto - text
thème(s) - theme(s)
théorie - theory
tiens - yours
toi - you
tolère - tolerate
ton - your
torchon - dish towel
tort - wrong
tortillent - wiggle
touchant - touching
toujours - always
tour - round/ turn
tournant - turning
tournent - turn
tous - all
tout/e(s) - all
toxicomanie - substance addiction
(en) train(de) - in the process of
traitement - treatment
traités - treaties
tranquilles - calm
travail - work
travailler - to work
travaillez - work
traverse - crosses
traversent - cross
très - very
trésor - treasure
tribu - tribe

triche - cheat
triomphes - wins
trois - three
troisième - third
troncs - trunks
trop - too much
trou(s) - hole(s)
trouve - find/s
tu - you
tuyau - pipe
tués - killed
typiquement -
    typically

U
un/e - a, an
unidimensionnelle -
    one-dimensional
universelles -
    universal
université(s) -
    university(ies)
uns - ones
utile - useful
utilisant - using
utilise - uses
utiliser - to use
utilisé - used

V
va - goes
vais - go
vaisselle - dishes
valeurs - values

vas - go
vaut - is worth
vécu - lived
veines - veins
vent - wind
ventre - belly
venu(s) - came
ver - worm
vérifier - to verify
vérité - truth
vers - towards
versa - versa
veste - jacket
vestiaire - locker
    room
veuillez - please
veulent - want
veut - want
veux - want
vibre - vibrates
vice-président - vice
    president
victimes - victims
victoire - victory
vider - to empty
vie(s) - life
viennent - are coming
viens - come
vient - comes
village - town
ville(s) - city(ies)
violence - violence
visages - faces
visible - visible

vit - lives
vite - fast
vivre - to live
vocabulaire -
  vocabulary
voici - here is
voient - see
voilà - there is
voir - to see
vois - see
voit - sees
voiture - car
voix - voice
volant - flying
volume - volume
vont - go
vos - your
vote - vote
votent - vote
voter - to vote
votes - vote
votez - vote
votre - your
voté - voted
voudrais - would like
voulaient - wanted

voulais - wanted
voulait - wanted
voulez - want
vouloir - to want
vous - you
voyait - saw
voyez - see
vrai/e(s) - true
vraiment - truly
vu/e(s) - saw

W
week-end - weekend
woke - woke

Y
y - there
yaourt - yogurt
yeux - eyes

Z
zut - damn

ABOUT THE AUTHOR

Jennifer Degenhardt taught high school Spanish for over 20 years and now teaches at the college level. At the time she realized her own high school students, many of whom had learning challenges, acquired language best through stories, so she began to write ones that she thought would appeal to them. She has been writing ever since.

Other titles by Jen Degenhardt:

La chica nueva | *La Nouvelle Fille* | The New Girl | *Das Neue Mädchen* | *La nuova ragazza*
La chica nueva (the ancillary/workbook volume, Kindle book, audiobook)
Salida 8 | *Sortie no. 8* | Exit 8
Chuchotenango | *La terre des chiens errants* | *La vita dei cani*
Pesas | *Poids et haltères* | Weights and Dumbbells |*Pesi*

161

162

Cambios | *Changements* | <u>Changes</u>
De la oscuridad a la luz | <u>From Darkness into Light</u>
El pueblo | <u>The Town</u> | Le village

@JenniferDegenh1

@<u>jendegenhardt9</u>

@PuentesLanguage &
World LanguageTeaching Stories (group)

Visit <u>www.puenteslanguage.com</u> to sign up to receive
information on new releases and other events.

Check out all titles as ebooks with audio on
<u>www.digilangua.co</u>.

163

ABOUT THE TRANSLATOR

Françoise "Swaz" Piron was born and raised in Geneva, Switzerland, the daughter of a French mother and a Belgian father. She taught French (and German) at South Jefferson CSD for 35 years and retired in June 2021. She is a member of several world language teacher organizations, including ACTFL, NYSAFLT and AATF. She was a regular item writer and consultant at the NYS Education Department for the two French state exams for over 20 years. Swaz has presented numerous workshops at the local, state and national levels. She is the recipient of several NYSAFLT awards, was named "Chevalier dans L'Ordre des Palmes Académiques" by the French Ministry of Education and is the co-author of the book *"World Class, the Re-education of America"*. When she is not proofreading or translating readers, she can be found doing outdoor activities, reading or working as a server in a local restaurant.

ABOUT THE EDITOR

Nicole Piron is the translator's mother. She was born in Paris and spent her youth in the Bordeaux area. She has a degree in political science and English from la Sorbonne (Paris University) and was a translator for the United Nations in New York, where she worked for a few years. Nicole has always been active in her community, in local politics as a member of the "conseil communal" of the village of Coppet, Switzerland, as well as in the Catholic church of the town where she currently resides, Gland, Switzerland. When she is not helping her daughter proofread readers, she can be found reading, going to cultural events and visiting with her network of friends.

165

ABOUT THE COVER ARTIST

L-MOMENT, who is based in the United States, is an artist who loves sleeping, reading young adult novels, and making art. Her primary materials are an iPad Pro and an Apple Pencil, but she'll never disagree with using traditional materials. Her dream is to write and illustrate picture books for all ages. L-MOMENT is the illustrator's pseudonym meaning Lovely Moment.

 @L_officialmoment

www.ingramcontent.com/pod-product-compliance
Lightning Source LLC
Chambersburg PA
CBHW060320050426
42449CB00011B/2571